V. S. Naipaul

Das Lesen und das Schreiben

Aus dem Englischen
von Kathrin Razum und Dirk van Gunsteren

Claassen

Die Originalausgabe erschien 2000 unter dem Titel
Reading and Writing: A Personal Acccount
bei *The New York Review of Books*, sie wurde durch
V. S. Naipauls Rede *Two Worlds* anlässlich der
Nobelpreisverleihung im Dezember 2001 ergänzt.

Claassen Verlag
Claassen ist ein Verlag des Verlagshauses
Ullstein Heyne List GmbH & Co. KG

ISBN: 3-546-00328-4

Übersetzung: Kathrin Razum

Übersetzung: Dirk van Gunsteren

Lektorat: Rebekka Göpfert
 Printed in Germany
Gesetzt aus der Caslon 540 bei Franzis print & media, München
Druck und Bindung: GGP Media, Pößneck

Für David Pryce-Jones

Inhalt

Das Lesen und das Schreiben

1.

… ich habe *überhaupt kein Gedächtnis.*

Das ist eine der großen Schwächen meines Verstandes: ich grüble unaufhörlich über das nach, was mich bewegt, und da ich es oft in verschiedenen *Seelenverfassungen* betrachte, sehe ich schließlich etwas Neues darin und gebe ihm *ein anderes Gesicht.*

Ich ziehe die Rohre des Fernglases nach allen Seiten aus oder schiebe sie wieder zusammen …

Aus: Stendhal, Das Leben des Henry Brulard. Nach der Übersetzung von Elisabeth Schneider neu bearbeitet von Maren Abravanel. Propyläen Verlag, Berlin 1982

Ich war ganze elf Jahre alt, als sich der Wunsch in mir regte, Schriftsteller zu werden, und sehr bald hatte er sich zum Ehrgeiz verfestigt. Dass das schon so früh geschah, ist ungewöhnlich, aber sicher nicht außerordentlich. Ich habe gehört, dass ernsthafte Sammler, etwa von Büchern oder Gemälden, zum Teil schon in sehr jungen Jahren beginnen, und in Indien erzählte mir kürzlich Shyam Benegal, ein angesehener Filmregisseur, dass er schon mit sechs beschlossen habe, in der Filmbranche als Regisseur sein Geld zu verdienen.

Mein Ehrgeiz, Schriftsteller zu werden, war allerdings viele Jahre lang eine Art Etikettenschwindel. Es gefiel mir, einen Füllfederhalter, ein Fläschchen Waterman-Tinte und neue linierte Schreibhefte (mit Rand) geschenkt zu bekommen, doch ich hatte weder den Wunsch noch das Bedürfnis, irgendetwas zu schreiben, und schrieb auch nichts, nicht einmal Briefe: Es gab niemanden, an den ich sie hätte richten können. Beim Aufsatzschreiben in der Schule war ich nicht besonders gut; zu Hause erfand oder erzählte ich keine Geschichten. Und neue Bücher mochte ich zwar als Gegenstände, aber ein großer Leser war ich nicht. Mir gefiel die billige, dickseitige Kinderausgabe von Äsops Fabeln, die ich geschenkt bekommen hatte; mir gefiel das Buch mit Andersens Märchen, das ich mir einmal von Geburtstagsgeld gekauft hatte. Aber mit anderen Büchern – besonders denjenigen, die Schuljungen angeblich gefielen – hatte ich Probleme.

Ein oder zwei Stunden pro Woche – ich war damals in der fünften Klasse – las uns Mr Worm, der Schuldirektor, aus der Collins-Classics-Ausgabe von *Zwanzigtausend Meilen unter dem Meer* vor. Die fünfte Klassenstufe war die der Stipendienprüfung und als solche wichtig für das Ansehen der Schule. Die Stipendien wurden von der Regierung vergeben und galten für die höheren Schulen der Insel. Ein Stipendium zu erhalten bedeutete, dass man keinerlei Schulgebühren bezahlen musste und sämtliche Bücher umsonst bekam. Außerdem erwarb man sich und seiner Schule damit einen gewissen Ruhm.

Ich besuchte die Stipendienklasse zwei Jahre lang, wie andere aufgeweckte Jungen auch. In meinem ersten Jahr, das als Probejahr betrachtet wurde, gab es zwölf Stipendien für die ganze Insel, im darauf folgenden Jahr zwanzig. Ob zwölf Stipendien oder zwanzig, die Schule wollte ihren gebührenden Anteil und verlangte uns dementsprechend viel ab. Wir saßen unter einem schmalen weißen Brett, auf das Mr Baldwin, einer der Lehrer (er hatte angeklatschtes, glänzendes Kraushaar), in ungelenker Schrift die Namen derjenigen Schüler unserer Schule gepinselt hatte, die in den letzten zehn Jahren ein Stipendium bekommen hatten. Unser Klassenzimmer war – eine belastende Ehre – zugleich auch Mr Worms Dienstzimmer. Er war ein älterer Mulatte, klein, kräftig, immer sehr korrekt im Anzug und mit Brille, der gehörig prügeln konnte, wenn er sich erst einmal dazu aufgerafft hatte, und dabei kurz und stoßweise atmete, so als wäre er selbst der Leidtragende. Manchmal – vielleicht nur, um dem lauten, kleinen Schulgebäude zu entfliehen, in dem die Türen und Fenster immer offen standen und die einzelnen Schulklassen nur durch halbhohe Wände voneinander getrennt waren – ging er mit uns in den staubigen Hof hinaus, in den Schatten des Samaanbaums. Jemand trug ihm seinen Stuhl ins Freie, und dann saß er unter dem Samaanbaum, so wie er im Klassenzimmer hinter seinem großen Pult saß. Wir standen um ihn herum und versuchten stillzuhalten. Er schaute auf den kleinen Collins-Classics-Band hinunter, der in seinen dicken Händen einem Gebetsbuch seltsam ähnlich sah, und las uns Jules Verne vor wie jemand, der ein Gebet spricht.

Zwanzigtausend Meilen unter dem Meer war kein Prüfungsstoff. Die Lektüre war schlichtweg Mr Worms Methode, seiner Stipendienklasse erste literarische Grundkenntnisse zu vermitteln. Sie sollte uns eine »Basis« verschaffen und zugleich eine Abwechslung von der Büffelei für die Stipendienprüfung darstellen (Jules Verne war einer der Schriftsteller, die Jungen angeblich mochten); für uns waren diese Stunden jedoch Leerzeiten, die nicht leicht durchzustehen oder -sitzen waren. Ich hörte jedes Wort, doch ich begriff nichts. Im Kino passierte mir das zuweilen auch, aber dort erfreute ich mich immerhin an dem Gedanken, im Kino zu sein. Von Mr Worms Jules Verne nahm ich nichts mit, und abgesehen von den Namen des U-Boots und seines Kapitäns habe ich keinerlei Erinnerung an das, was uns in all den Stunden vorgelesen wurde.

Inzwischen hatte ich jedoch meine eigene Vorstellung vom Schreiben entwickelt. Es war eine ganz persönliche, auf merkwürdige Weise erhöhende Vorstellung, ohne Verbindung zur Schule oder zu dem ungeordneten, zerfasernden Leben unserer hinduistischen Großfamilie. Diese Vorstellung vom Schreiben – aus der mein Ehrgeiz, Schriftsteller zu werden, erwachsen sollte – entwickelte sich aus den kurzen Textstücken, die mein Vater mir von Zeit zu Zeit vorlas.

Mein Vater war Journalist, ein Autodidakt. Er las auf seine ganz eigene Art. Damals war er Anfang dreißig und lernte noch. Er las viele Bücher parallel, aber keines davon zu Ende, interessierte sich weniger für die Geschichte oder Aussage des jeweiligen Buches als für die Eigenart des Autors, für dessen Charakter. Hieraus bezog er sein Vergnügen, und er konnte Schriftsteller nur in kleinen Portionen genießen. Manchmal rief er mich zu sich, damit ich mir zwei, drei oder vier Seiten, selten mehr, von irgendetwas anhörte, was ihm besonders gut gefiel. Er las und erklärte voller Eifer, und es war einfach für mich, das Gleiche zu mögen wie er. Auf diese unwahrscheinliche Weise – bedenkt man die Voraussetzungen: die gemischtrassige koloniale Schule, die asiatische Innerlichkeit bei uns zu Hause – hatte ich begonnen, meine eigene Anthologie englischer Literatur zusammenzustellen.

In der Anthologie waren schon vor meinem zwölften Lebensjahr unter anderem enthalten: einige der Reden in *Julius Caesar*, die eine oder andere Seite aus den Anfangskapiteln von *Oliver Twist*, *Nicholas Nickleby* und *David Copperfield*, die Geschichte von Perseus in *The Heroes* von Charles Kingsley, ein paar Seiten aus *Die*

Mühle am Fluss, eine romantische malaysische Erzählung über Liebe, Flucht und Tod von Joseph Conrad, eine oder zwei Geschichten aus Lambs *Shakespeare-Erzählungen*, Kurzgeschichten von O. Henry und Maupassant, ein, zwei zynische Seiten über ein religiöses Fest und den Ganges aus *Jesting Pilate* von Aldous Huxley, etwas Vergleichbares aus *Hindu Holiday* von J. R. Ackerley und ein paar Seiten von Somerset Maugham.

Lamb und Kingsley hätten eigentlich zu altmodisch und kompliziert für mich sein müssen. Aber irgendwie gelang es mir – zweifellos durch die Begeisterung meines Vaters –, alles, was ich hörte, zu vereinfachen. In meinem Kopf nahmen all diese Texte (selbst die Ausschnitte aus *Julius Caesar*) etwas Märchenhaftes an, wurden ein wenig wie etwas, das Andersen geschrieben haben mochte, fern und zeitlos, etwas, womit man spielerisch umgehen konnte.

Doch wenn ich mich dann den Büchern selbst zuwandte, fand ich es schwierig, über das hinauszugelangen, was ich vorgelesen bekommen hatte. Was ich schon kannte, war voller Zauber, was ich selbst zu lesen versuchte, war sehr weit weg. Die Sprache war zu schwierig, und ich verlor mich in gesellschaftlichen und historischen Einzelheiten. In Conrads Geschichte ähnelten Klima und Vegetation dem, was mich umgab, doch die Malaysier erschienen mir extravagant, unwirklich, ich konnte sie nicht einordnen. Und was die modernen Schriftsteller betraf, so fühlte ich mich durch ihre Hervorhebung der eigenen Persönlichkeit ausgeschlossen:

Ich konnte nicht so tun, als wäre ich Maugham in London oder Huxley beziehungsweise Ackerley in Indien.

Ich hatte den Wunsch, Schriftsteller zu werden. Doch mit dem Wunsch kam die Erkenntnis, dass die Literatur, die meinen Wunsch erzeugt hatte, aus einer anderen Welt stammte, die von der unseren weit entfernt war.

2.

Wir waren eine Gemeinschaft asiatischer Einwanderer auf einer kleinen Plantageninsel in der Neuen Welt. Für mich war Indien weit weg, ein mythisches Land, dabei waren wir damals in sämtlichen Zweigen unserer Großfamilie erst vierzig oder fünfzig Jahre aus Indien fort. Wir hatten immer noch die Instinkte der Menschen aus der Gangesebene in uns, auch wenn wir mit jedem Jahr tiefer in das koloniale Leben hineingezogen wurden. Dass ich in Mr Worms Klasse saß, war ein Teil dieser Veränderung. Noch nie hatte ein so junges Mitglied unserer Familie diese Schule besucht. Andere sollten mir in die Stipendienklasse folgen, doch ich war der Erste.

Verstümmelte Bestandteile des alten Indiens (eines sehr alten, nämlich des dörflichen Indiens aus dem neunzehnten Jahrhundert, das dem Indien früherer Jahrhunderte glich) waren noch um mich, nicht nur im abgekapselten Leben unserer Großfamilie, sondern auch in dem, was manchmal von außen, aus unserer Gemeinschaft, zu uns hereingetragen wurde.

Eine der ersten großen öffentlichen Veranstaltungen, zu der man mich mitnahm, war das *Ramlila*, jenes Dramenfest, das auf dem *Ramajana* beruht, dem Epos über die Verbannung und den späteren Triumph der hinduistischen Heldengottheit Rama. Es wurde am Rande unseres kleinen Landstädtchens inmitten eines Zuckerrohrfeldes aufgeführt. Die männlichen Darsteller hatten nackte Oberkörper, und manche von ihnen trugen lange Bögen; sie bewegten sich langsam, rhythmisch, stilisierend, machten hohe, bebende Schritte auf den Zehenspitzen; wenn sie abgingen (ich greife hier auf eine sehr frühe Erinnerung zurück), benutzten sie dazu eine Rampe, die in den Boden gegraben worden war. Die Aufführung endete mit der Verbrennung einer großen schwarzen Puppe, die den Dämonenkönig von Lanka verkörperte. Diese Verbrennung war einer der Gründe, warum die Leute gekommen waren, und die Puppe, ein primitives, mit Teerpappe überzogenes Bambusgerippe, hatte die ganze Zeit auf dem Feld gestanden, Verheißung des großen Feuers.

Jede Einzelheit dieses *Ramlila* war im Gedächtnis der Menschen aus Indien herübertransportiert worden.

Und obwohl die Theateraufführung als solche primitiv war und mir von der Geschichte sicher viel entgangen ist, verstand und fühlte ich dabei, glaube ich, mehr als in *Mit eiserner Faust* und *Sixty Glorious Years*, die ich in unserem Kino gesehen hatte. Es waren die ersten Filme, die ich je anschaute, und ich hatte vom ersten bis zum letzten Moment keine Ahnung, was ich da eigentlich sah. Das *Ramlila* hingegen hauchte dem, was ich vom *Ramajana* wusste, Leben und Spannung ein.

Das *Ramajana* war die grundlegende hinduistische Erzählung. Es war das zugänglichere unserer beiden Epen und ein lebendiger Bestandteil unseres Lebens, so wie Epen das sein können. Es war eine mitreißende, schnelle und bunte Erzählung, in der es trotz des göttlichen Personals sehr menschlich zuging. Die Figuren und ihre Beweggründe boten immer wieder Stoff für Diskussionen; das Epos stellte eine Art moralische Erziehung für uns alle dar. In meinem Umfeld wird jeder die Geschichte zumindest in ihren Grundzügen gekannt haben, manche Leute kannten auch einige der Verse. Man musste mich mit der Geschichte von Ramas ungerechter Verbannung in den gefährlichen Wald nicht erst vertraut machen: Es war, als hätte ich sie schon immer gekannt.

Sie bildete die Folie für die Texte, die ich später in der Stadt kennen lernen sollte, für den Andersen und den Äsop, die ich auf eigene Faust lesen, und für die Sachen, die mein Vater mir vorlesen würde.

3.

Die Insel war klein, etwas über 5100 km², und hatte eine halbe Million Einwohner, aber die Bevölkerung war sehr gemischt, und es gab viele unterschiedliche Lebenswelten.

Als mein Vater eine Stelle bei der örtlichen Zeitung bekam, zogen wir in die Stadt. Sie lag ganze 19 Kilometer entfernt, doch es war, als zögen wir in ein anderes Land. Wir ließen unsere kleine ländliche indische Welt, die zerfallende Welt eines erinnerten Indiens, hinter uns. Ich kehrte nie mehr dorthin zurück, verlor den Bezug zu der Sprache, sah nie ein weiteres *Ramlila*.

In der Stadt lebten wir wie in einer Luftblase. Es gab dort nur wenige Inder und niemanden wie uns auf der Straße. Obwohl alles sehr eng beieinander war, die verschiedensten Geräusche in die Häuser drangen und niemand in seinem Garten wirklich für sich sein konnte, führten wir weiter unser altes, abgekapseltes Leben, ohne Verbindung zu dem stärker kolonial geprägten, rassisch gemischteren Leben um uns herum. Es gab respektable Häuser mit Veranden und Hängefarnen. Doch es gab auch Grundstücke ohne Zaun, auf denen drei oder vier morsche, aus zwei Räumen bestehende Holzhäuschen mit ein oder zwei gemeinsamen Wasserhähnen im Hof standen, den Sklavenunterkünften von hundert Jahren zuvor ähnlich. Draußen auf der Straße herrschte mitunter ein wildes Treiben: Die amerikanische Militärbasis lag am Ende der Straße.

Nach den ersten drei Jahren in der Stadt in Mr Worms Stipendienklasse zu kommen, endlos zu büffeln, alles auswendig zu lernen, mit Abstraktionen zu leben und sehr wenig zu begreifen, das war, wie ins Kino zu kommen, nachdem der Film schon angefangen hat, und nur hin und wieder einen kleinen Fingerzeig zur Handlung zu erhalten. Und so blieb es die ganzen zwölf Jahre, die ich in der Stadt verbrachte, bevor ich nach England ging. Ich hörte nie auf, mich wie ein Fremder zu fühlen. Menschen aus anderen Bevölkerungsgruppen erlebte ich nur von außen; Schulfreundschaften endeten in der Schule oder auf der Straße. Ich habe meine Umgebung dort nie wirklich verstanden und hatte auch gar nicht die Zeit, es zu versuchen: Bis auf neunzehn Monate verbrachte ich die gesamten zwölf Jahre damit, in einer Art blinder, kolonialer Getriebenheit für die Schule zu arbeiten.

Ich erfuhr sehr bald, dass es draußen noch eine andere Welt gab, von der unsere koloniale Welt nur ein Schatten war. Diese äußere Welt – vor allem England, aber auch die Vereinigten Staaten und Kanada – beherrschte uns in jeder Hinsicht. Sie schickte uns Gouverneure und all die Dinge, von denen wir lebten: die billigen konservierten Lebensmittel, auf die die Insel schon seit der Sklaverei angewiesen war (Räucherhering, Stockfisch, Kondensmilch, Ölsardinen aus New Brunswick); die speziellen Medikamente (Dodd's Kidney Pills für die Nieren, Dr. Sloan's Liniment zum Einreiben, das Stärkungsmittel Six Sixty-Six). Sie schickte uns – mit einer Unterbrechung während eines schlimmen Kriegsjahres, als wir die kanadischen Dimes und Nickels benutzten – die englischen Münzen, vom Halfpenny bis zur Halfcrown, denen wir automatisch die Werte unserer Dollars und Cents zuwiesen: ein Halfpenny gleich ein Cent, ein Shilling gleich vierundzwanzig Cent.

Sie schickte uns Lehrbücher (Rivingtons *Shilling Arithmetic*, Nesfields *Grammar*) und Musterfragen für die diversen Schulprüfungen. Sie schickte uns die Filme, die unsere Fantasie speisten, sowie *Life* und *Times*. Sie schickte Stöße von *The Illustrated London News* in Mr Worms Büro. Sie schickte uns die Everyman's Library, Penguin Books und die Collins Classics. Sie schickte uns alles. Von ihr hatte Mr Worm Jules Vernes bekommen. Und mir hatte sie, über meinen Vater, meine private Literaturanthologie gegeben.

Zu den Büchern selbst fand ich allein keinen Zugang. Mir fehlte der Schlüssel zu ihrer Vorstellungswelt. Was ich an Gesellschaftskenntnis besaß – eine schwache Erinnerung an ein dörfliches Indien und eine Außenansicht einer gemischten, kolonialen Welt –, half mir bei der Literatur des Mutterlandes nicht weiter. Ich war zwei Welten von ihr entfernt.

Mit Geschichten, die in englischen Privatschulen

spielten, konnte ich nichts anfangen (ich erinnere mich noch an das absonderlich betitelte *Sparrow in Search of Expulsion*, das gerade für Mr Worms kleine Bibliothek aus England eingetroffen war). Und später auf der höheren Schule (ich hatte mein Stipendium bekommen) hatte ich das gleiche Problem mit den Thrillern oder Abenteuergeschichten in der Schulbibliothek, mit Buchan, Sapper, Sabatini, Sax Rohmer, denen allen die Vorkriegswürde eines Ledereinbandes mit dem golden eingeprägten Schulwappen vorn auf dem Umschlag zuteil geworden war. Ich verstand einfach nicht, was diese künstlich erzeugte Spannung sollte, was Kriminalromane sollten (man musste viel lesen, wurde ein bisschen in die Irre geführt und durfte dafür ein wenig rätseln). Und als ich es, über neue Namen nicht auf dem Laufenden, mit ganz normalen englischen Romanen aus der Bücherei probierte, stolperte ich über zu viele Fragen – zur Realität der Menschen, zur Künstlichkeit des Erzählstils, zum Zweck des ganzen Konstrukts, zu meinem persönlichen Gewinn.

Meine private Anthologie und die Unterweisung durch meinen Vater hatten mir eine hohe Meinung vom Schreiben vermittelt. Und wenngleich mein Ausgangspunkt ein anderer gewesen war und es noch Jahre dauern sollte, bis ich verstand, warum ich so und nicht anders empfand, ähnelte meine Einstellung (wie ich später feststellen sollte) der von Joseph Conrad, als er, nicht lang nach der Veröffentlichung seines ersten Buchs, den Roman eines Freundes zugesandt bekam.

Der Roman lebte ganz offensichtlich von seiner umfangreichen Handlung; Conrad betrachtete ihn nicht als Offenbarung menschlicher Gefühle, sondern als Aneinanderreihung erfundener »Geschehnisse, die genau genommen nichts anderes als *Zufälle* sind«. »Der ganze Charme, die ganze Wahrhaftigkeit«, so schrieb er seinem Freund, »werden durch den ... Mechanismus (um es einmal so auszudrücken) der Geschichte entkräftet, der allem einen unaufrichtigen Anstrich gibt.«

Für Conrad, genau wie für den Erzähler von *Mit den Augen des Westens*, war die Entdeckung, die es in jeder Geschichte zu machen gab, eine moralische. Auch für mich war das so, ohne dass es mir allerdings bewusst gewesen wäre. Das *Ramajana*, Äsop, Andersen und meine private Anthologie (selbst Maupassant und O. Henry) hatten mich zu dieser Sichtweise geführt. Als Conrad mit H. G. Wells zusammentraf, der fand, Conrad schreibe zu wortreich, erzähle nicht einfach die Geschichte, sagte dieser: »Mein lieber Wells, worum geht es denn bei *Love and Mr. Lewisham*? Warum das ganze Aufhebens um Jane Austen? Worum geht es denn bei alledem?«

Genauso hatte ich an der höheren Schule und noch viele Jahre danach auch gedacht, doch ich war nie auf den Gedanken gekommen, es auszusprechen. Es wäre mir vermessen vorgekommen. Erst mit fünfundzwanzig fühlte ich mich als Leser kompetent. Ich hatte mittlerweile sieben Jahre in England verbracht, vier davon in Oxford, und zumindest Ansätze der Gesellschaftskenntnis erworben, die nötig war, um die englische und europäische Literatur zu verstehen. Außerdem war ich selbst zum Schriftsteller geworden und daher in der Lage, die Literatur von der anderen Seite zu betrachten. Bis dahin hatte ich blind gelesen, ohne mir ein Urteil zu bilden, da ich nicht wirklich wusste, wie erfundene Geschichten zu bewerten seien.

Gewisse unleugbare Ergänzungen hatte meine Anthologie während meiner Zeit an der höheren Schule allerdings erfahren. Am nächsten waren mir die Kurzgeschichten meines Vaters über das Leben unserer Gemeinschaft. Sie gefielen mir literarisch, aber sie gefielen mir auch deshalb, weil ich wusste, wie viel Arbeit in ihnen steckte. Außerdem verankerten sie mich in meiner Welt; ohne sie hätte ich nichts von unseren Vorfahren gewusst. Und in der sechsten Klasse verhalf mir der Enthusiasmus eines Lehrers zu drei literarischen Erlebnissen: *Tartuffe*, das wie ein beängstigendes Märchen war, *Cyrano de Bergerac*, das die tiefsten Gefühle auslösen konnte, und *Lazarillo de Tormes*, jener Mitte des sechzehnten Jahrhunderts entstandene spanische Schelmenroman – der erste seiner Art –, der mich, schwungvoll und ironisch, in eine Welt ähnlich derjenigen entführte, die ich kannte.

Das war alles. Dies war meine gesammelte Leseerfahrung am Ende meiner auf der Insel genossenen Bildung. Ich konnte mich nicht wirklich als Leser bezeichnen. Ich hatte nie die Fähigkeit besessen, mich in einem Buch zu verlieren; genau wie mein Vater konnte ich nur in kleinen Happen lesen. Meine Schulaufsätze waren nichts Besonderes, sie waren Fleißarbeiten. Trotz des Vorbilds, das mein Vater mir mit seinen Kurzgeschichten gab, hatte ich noch nicht einmal angefangen, konkret darüber nachzudenken, worüber ich eigentlich schreiben könnte. Trotzdem sah ich mich weiterhin als Schriftsteller.

Es war inzwischen weniger ein echter Ehrgeiz als eine Form der Selbstwertschätzung, ein Traum von Erlösung, eine Vorstellung von Größe. Mein Leben, das Leben unseres Teils der Großfamilie, war immer in unruhigen Bahnen verlaufen. Mein Vater war zwar keine Waise gewesen, hatte aber schon als Kind ohne elterliche Unterstützung auskommen müssen, und wir waren immer bis zu einem gewissen Grad von anderen abhängig gewesen. Als Journalist wurde mein Vater schlecht bezahlt, und wir hatten einige Jahre lang in ärmlichsten Verhältnissen, ohne ein richtiges Dach über dem Kopf gelebt. In der Schule war ich ein kluger Kopf; auf der Straße, wo wir uns noch immer abseits hielten, schämte ich mich für unsere Lebensumstände. Selbst als die schwere Zeit vorbei war und wir umgezogen waren, wurde ich von Sorge verzehrt. Und dieses Gefühl, so schien es, war mir schon mein Leben lang vertraut.

4.

Die Kolonialregierung vergab jedes Jahr vier Stipendien an Schüler, die beim Higher School Certificate das beste Ergebnis ihres Zweigs erzielten – Sprachen, Gesellschaftskunde, Naturwissenschaften und Mathematik. Die Fragen wurden aus England geschickt, und die Arbeiten der Schüler wurden zur Benotung dorthin zurückgesandt. Die Stipendien waren großzügig bemessen. Sie waren dazu gedacht, dem Empfänger oder der Empfängerin eine Berufsausbildung zu ermöglichen. Wer ein Stipendium bekommen hatte, konnte auf Kosten der Regierung eine beliebige Universität oder sonstige Bildungsstätte im British Empire besuchen, und zwar bis zu sieben Jahre lang. Als ich mein Stipendium bekam – nach einer Anstrengung, an die zu denken noch heute qualvoll für mich ist: meine ganze jahrelange Büffelei war auf dieses Ziel ausgerichtet gewesen –, beschloss ich, nur nach Oxford zu gehen und den dreijährigen Studiengang in englischer Literatur zu belegen. Es ging mir nicht um Oxford und den Literaturstudiengang, von beidem wusste ich kaum etwas. Es ging mir in erster Linie darum, in die Welt hinauszugelangen und mir genug Zeit zu geben, um meine Fantasie wahr zu machen und Schriftsteller zu werden.

Ein Schriftsteller zu sein bedeutete, Romane und Kurzgeschichten zu schreiben. In dieser Form war mein Ehrgeiz, über meine Anthologie und das Vorbild meines Vaters, in mir entstanden, und in dieser Form hatte er sich erhalten. Es war eigenartig, dass ich ihn nie in Frage gestellt hatte, wo ich doch Romanen nichts abgewinnen konnte, nicht den Drang verspürte (der Kindern ja nachgesagt wird), Geschichten zu erfinden, und meine Vorstellungswelt während meiner jahrelangen Paukerei fast ausschließlich vom Kino, nicht aber von Büchern gespeist wurde. Manchmal wurde ich nervös, wenn ich an dieses Schreibvakuum in meinem Innern dachte, aber dann – es war wie der Glaube an einen Zauber – sagte ich mir, dass zu gegebener Zeit kein inneres Vakuum mehr da sein und ich die Bücher schreiben würde.

Als ich nun mit meinem sauer verdienten Stipendium in Oxford war, hätte diese Zeit eigentlich gekommen sein müssen. Doch das Vakuum war immer noch da, und die Idee des Romans, des Fiktionalen schlechthin, war mir nach wie vor ein Rätsel. Ein Roman war etwas Erfundenes, das war mehr oder weniger seine Definition. Zugleich erwartete man jedoch von ihm, dass er stimmte, aus dem Leben gegriffen war, und so ergab sich der Sinn des Romans nicht zuletzt daraus, dass man das Fiktionale bis zu einem gewissen Grad verwarf oder durch es hindurch etwas Reales betrachtete.

Später, als ich erkannt hatte, was mein Stoff sein könnte, als ich wirklich zum Schriftsteller wurde und mehr oder weniger intuitiv arbeitete, beunruhigte mich diese Ambivalenz nicht mehr länger. Im Jahr dieses Durchbruchs, es war 1955, war ich schließlich in der Lage, Evelyn Waughs Definition fiktionaler Literatur als einer »totalen Umwandlung von Erfahrung« (in seiner Widmung in *Officers and Gentlemen*, das im selben Jahr erschienen war) zu verstehen; noch ein Jahr zuvor hätte ich diese Definition weder verstanden noch akzeptiert.

Als ich über vierzig Jahre später zum ersten Mal Tolstois *Sewastopoler Erzählungen* las, musste ich an jenes frühe Glücksgefühl beim Schreiben denken, das ich empfand, als ich endlich einen Weg vor mir sah. In den Erzählungen meinte ich mitverfolgen zu können, wie der junge Tolstoi gleichsam aus Notwendigkeit das Fiktionale entdeckte: Er begann als gewissenhafter Chronist (ein russisches Pendant zu dem nur wenig älteren *Times*-Korrespondenten William Howard Russell auf der anderen Seite) und schrieb dann – so, als hätte er darin die einfachere und bessere Methode erkannt, mit dem Grauen der Belagerung von Sewastopol umzugehen – einen einfachen fiktionalen Text, setzte Figuren in Bewegung und holte auf diese Weise die Realität näher heran.

Eine ähnliche Entdeckung sollte auch ich damals machen, allerdings nicht in Oxford. In den drei Jahren dort und auch in dem vierten Jahr, das mir das Kolonialministerium gewährte, geschah kein Wunder. Ich quälte mich weiterhin mit dem Gedanken herum, dass der Roman etwas Erfundenes sei. Wie weit durfte das Erfinden (Conrads »Zufälle«) gehen? Welche Logik steckte dahinter, was war der Gewinn? Ich verfranzte mich immer wieder. Ich erlebte meine schriftstellerische Persönlichkeit als in geradezu groteskem Ausmaß veränderlich. Es bereitete mir keinerlei Vergnügen, mich an einen Tisch zu setzen und so zu tun, als schriebe ich; ich war befangen und kam mir verlogen vor.

Hätte ich nur ein bisschen Geld oder die Aussicht auf eine anständige Stelle gehabt, wäre es an diesem Punkt ein Leichtes gewesen, den Vorsatz, zu schreiben, fallen zu lassen. Ich betrachtete ihn inzwischen bloß noch als eine Fantasie, die aus der Unwissenheit und den Sorgen meiner Kindheit entstanden war, und empfand ihn als Last. Aber ich hatte kein Geld. Ich musste an meinem Vorsatz festhalten.

Ich war fast mittellos, hatte vielleicht sechs Pfund in der Tasche, als ich Oxford verließ und nach London ging, um mir dort eine Existenz als Schriftsteller aufzubauen. Von meinem Stipendium, das ich, wie mir nun schien, sinnlos verprasst hatte, war bis auf das Geld für die Rückfahrkarte nichts mehr übrig. Fünf Monate lang durfte ich in einer dunklen Kellerwohnung in Paddington bei einem älteren Cousin unterschlupfen, der meinen Ehrgeiz respektierte und selbst sehr arm war; er studierte Jura und arbeitete gleichzeitig in einer Zigarettenfabrik.

Mit meinem Schreiben tat sich während dieser fünf Monate nichts, noch während der darauf folgenden fünf

Monate. Und dann eines Tages, als ich tief in meiner schon fast permanenten Depression versunken war, dämmerte mir, was mein Stoff sein könnte: unsere Straße in der Stadt, von deren bunt gemischtem Leben wir uns fern gehalten hatten, und unser vorheriges, von den Sitten und Verhaltensweisen eines erinnerten Indiens geprägtes Leben auf dem Land. Als ich erst darauf gekommen war, schien es einfach und nahe liegend, doch es hatte vier Jahre gedauert, bis ich den Stoff sah. Die Sprache, den Ton, die Stimme dafür fand ich fast im selben Moment. Es war, als wären Stimme, Inhalt und Form alle Teil voneinander.

Die Stimme war zum Teil die meines Vaters aus seinen Geschichten über das ländliche Leben unserer Gemeinschaft. Zum Teil stammte sie aus dem anonymen, Mitte des sechzehnten Jahrhunderts in Spanien entstandenen *Lazarillo*. (In meinem zweiten Jahr in Oxford hatte ich an E.V. Rieu, den Herausgeber von Penguin Classics, geschrieben und ihm angeboten, *Lazarillo* zu übersetzen. Er hatte sehr höflich geantwortet, sogar handschriftlich, und gemeint, dass es ein sehr schwer zu übersetzendes Buch sei, außerdem halte er es nicht für einen Klassiker. Desungeachtet hatte ich es in der Zeit meines inneren Schreibvakuums als Ersatz fürs Schreiben komplett übersetzt.) Die zusammengesetzte Stimme passte. Sie war nicht ganz als meine eigene in mir entstanden, aber ich fühlte mich durchaus wohl mit ihr. Ja es war die literarische Stimme, die zu finden das Ziel meiner langjährigen harten

Arbeit gewesen war. Bald war sie mir vertraut, diese Stimme in meinem Kopf. Ich spürte, wann ich sie traf und wann sie mir entglitt.

Um den Einstieg als Schriftsteller zu finden, hatte ich ganz an den Anfang zurückkehren müssen, hatte Oxford und London vergessen und mich zu jenen frühen, zum Teil allein gemachten literarischen Erfahrungen zurücktasten müssen, die mir einen eigenen Blick auf meine Umgebung verschafft hatten.

5.

In meiner Fantasie vom Schriftstellerdasein war keinerlei Idee inbegriffen gewesen, wie ich es überhaupt anstellen sollte, ein Buch zu schreiben. Vermutlich – sicher könnte ich es nicht sagen – war mit dieser Fantasie die vage Vorstellung verbunden, wenn ich erst einmal ein Buch geschrieben hätte, würden die anderen folgen.

Ich musste feststellen, dass dem nicht so war. Der Stoff gab es nicht her. In jenen frühen Tagen bedeutete jedes neue Buch für mich, wieder mit der alten Leere konfrontiert zu sein, wieder von vorne anfangen zu müssen. Die späteren Bücher entstanden wie das erste: Allein von dem Wunsch getrieben, ein Buch zu schreiben, griff ich intuitiv, naiv oder verzweifelt auf Ideen und Material zu, ohne wirklich zu verstehen, wo sie mich hinführen würden. Die Erkenntnis kam mit dem Schreiben. Jedes Buch führte mich zu einem tiefer gehenden Verständnis und tieferen Gefühl, was wiederum jedes Mal eine andere Schreibweise hervorbrachte. Jedes Buch stellte ein bestimmtes Stadium in einem Prozess des Suchens dar; es konnte nicht wiederholt werden. Mein Stoff – meine Vergangenheit, von der ich auch räumlich getrennt war – war festgelegt und, wie die Kindheit selbst, abgeschlossen; er konnte nicht ergänzt werden. Und meine Art des Schreibens verbrauchte ihn. Binnen fünf Jahren war ich am Ende angelangt. Meine schriftstellerische Vorstellungswelt war wie eine kreidebekritzelte Tafel, die nach und nach abgewischt wurde und zum Schluss wieder leer war, Tabula rasa.

Die fiktionale Literatur hatte als Ausdrucksform für mich geleistet, was sie leisten konnte. Es gab gewisse Dinge, denen sie nicht gerecht werden konnte. Meinen Jahren in England konnte sie nicht gerecht werden; gesellschaftlich betrachtet, war diese Erfahrung oberflächlich geblieben; das Thema bot sich eher für eine autobiographische Bearbeitung an. Auch meiner zunehmenden Kenntnis der Welt konnte sie nicht gerecht werden. Die fiktionale Literatur, die wesensgemäß am besten innerhalb festgelegter gesellschaftlicher Grenzen funktionierte, schien mich in Welten zurückzudrängen – etwa die Inselwelt oder die Welt meiner Kindheit –, die kleiner waren als die, in der ich mittlerweile lebte. Hatte mich das Fiktionale einst befreit und geistig bereichert, so schien es mich jetzt zu größerer Einfachheit zu nötigen, als sie mir eigentlich entsprach. Ein paar Jahre lang – drei, vielleicht auch vier – wusste ich nicht ein noch aus, ich war ratlos.

Ich hatte fast mein gesamtes Erwachsenenleben in Ländern verbracht, in denen ich ein Fremder war. Als Schriftsteller konnte ich über diese Erfahrung nicht hinausgehen. Um ihr zu entsprechen, musste ich über Menschen in einer vergleichbaren Situation schreiben. Ich fand Wege, das zu tun, doch ich habe es immer als Beschränkung erlebt. Hätte ich nur auf die Romanform zurückgreifen können, dann hätte ich mich vermutlich bald der nötigen Mittel beraubt gesehen, weiterzumachen, obwohl ich doch im erzählenden Schreiben geübt und von Neugier auf die Welt und die Menschen erfüllt war.

Aber es gab andere Formen, die meinen Bedürfnissen entgegenkamen. Durch Zufall hatte ich schon ziemlich früh einen Auftrag erhalten, der mich auf die Reise durch die einstigen Sklavenkolonien der Karibik und des spanisch-amerikanischen Festlandes schickte. Ich hatte den Auftrag wegen der Reise angenommen; über die Form hatte ich mir kaum Gedanken gemacht.

Ich hatte die Vorstellung, dass die Reisebeschreibung ein glorreiches Intermezzo im Leben eines ernsthaften Schriftstellers darstellte. Aber die Schriftsteller, an die ich dabei dachte – und andere hätten es nicht sein können –, kamen aus dem Mutterland, Huxley, Lawrence, Waugh. Ich war nicht wie sie. Sie schrieben zur Zeit des Empires; was sie zu Hause auch für Menschen sein mochten, auf der Reise wurden sie unweigerlich zu Vertretern des Empires, sie bedienten sich der Zufälle auf der Reise, um ihrer vom Mutterland geprägten Persönlichkeit vor einem fremden Hintergrund Kontur zu verleihen.

Ich reiste ganz anders. Selbst aus einer Kolonie stammend, reiste ich durch Plantagenkolonien der Neuen Welt, die derjenigen glichen, in der ich aufgewachsen war. Mit den Augen eines Besuchers andere mehr oder weniger zerrüttete Gemeinschaften in einem ausgeplünderten Land zu betrachten – im großartigen, romantischen Umfeld der Neuen Welt – hieß, gleichsam aus der Ferne gezeigt zu bekommen, wie die eigene Gemeinschaft aussehen mochte. Es hieß, aus sich selbst und seiner unmittelbaren Lebenssituation – dem Stoff fiktionaler Literatur – herausgenommen zu werden, hieß, ein neues Bild der Welt zu gewinnen, in die man hineingeboren worden war, und eine Ahnung von einer weit zurückreichenden Folge historischer Ereignisse zu bekommen.

Mit der Form hatte ich Probleme. Ich wusste nicht, wie ich für ein Buch reisen sollte. Ich reiste, als wäre ich im Urlaub, und dann quälte ich mich mit der Frage herum, was ich eigentlich erzählen sollte. Ich hatte Probleme mit dem Ich des Reiseschriftstellers; ich hielt ihn – Reisender und Erzähler zugleich – für eine unanfechtbare Autorität und glaubte, er müsse gewichtige Urteile abgeben.

Trotz all seiner Schwächen bedeutete dieses Buch für mich, genau wie zuvor meine Romane und Kurzgeschichten, eine Vertiefung meiner Kenntnisse und Gefühle. Es wäre mir nicht möglich gewesen, wieder zu verlernen, was ich gelernt hatte. Das Schreiben fiktionaler Literatur, die Erkundung des unmittelbaren Lebensumfelds, hatte mich ein gutes Stück Weges vorangebracht. Das Reisen brachte mich erneut weiter.

6.

Es war wiederum ein Zufall, der mich zu einer noch anderen Art von Prosa führte. Ein Verlag in den Vereinigten Staaten brachte eine Serie für Reisende heraus, und man bat mich, etwas über die Kolonie zu schreiben. Ich hielt das für eine einfache Aufgabe: ein bisschen Lokalgeschichte, ein paar persönliche Erinnerungen, ein paar Wortbilder.

Ich hatte – in seltsamer Naivität – gedacht, auf unserer Welt sei jegliches Wissen verfügbar, die gesamte Geschichte sei irgendwo verzeichnet und man könne nach Bedarf darauf zugreifen. Jetzt musste ich feststellen, dass es keine Lokalgeschichte gab. Es gab nur ein paar Reiseführer, in denen gewisse Legenden wiederholt wurden. Die Kolonie war nicht wichtig gewesen, ihre Vergangenheit war verschwunden. In einigen der Führer wurde humorig angemerkt, seit Sir Walter Raleighs Besuch 1595 sei in der Kolonie nichts Bedeutendes mehr geschehen.

Ich musste die Quellen konsultieren. Es gab Reiseberichte. Es gab die offiziellen britischen Papiere. Im Britischen Museum standen sehr viele dicke Bände mit Abschriften wichtiger spanischer Dokumente, die die britische Regierung in den 1890er Jahren, zur Zeit des Grenzkonflikts zwischen Britisch-Guayana und Venezuela, in den spanischen Archiven zutage gefördert hatte. Ich suchte in den Quellen nach Menschen und ihren Geschichten. Es war die beste Methode, das Material zu ordnen, und es war die einzige Methode, nach der ich schreiben konnte. Aber es war harte Arbeit, die Papiere durchzusehen und Einzelheiten aus fünf, sechs oder noch mehr Dokumenten zu verwenden, um einen einzigen Absatz zu schreiben. Das Buch, das ich innerhalb von ein paar Monaten hatte fertig stellen wollen, kostete mich zwei Jahre.

Die Quellen führten mich fast bis zur Entdeckung zurück. Sie zeigten mir die Ureinwohner, Herren über Flüsse und Meer, die im Besitz all der Fähigkeiten, die sie in den vergangenen Jahrhunderten benötigt hatten, ihrer eigenen Wege gingen, aber gegenüber den Neuankömmlingen hilflos waren und im Laufe der folgenden zwei Jahrhunderte in Missionsreservate gezwungen, in Alkoholismus und Bedeutungslosigkeit getrieben und schließlich ausgerottet wurden. In dieser menschengemachten Wildnis wurden Ende des achtzehnten Jahrhunderts dann die Sklavenplantagen angelegt und die schnurgeraden Straßen der neuen spanischen Stadt.

Im Geschichtsunterricht in der Schule war die Sklaverei nur ein Wort gewesen. Ich weiß noch, wie wir eines Tages in Mr Worms Stunde draußen auf dem Schulhof auf das Thema zu sprechen kamen und ich versuchte, dem Wort eine Bedeutung zu geben: Ich blickte hinauf zu den Bergen im Norden der Stadt und dachte mir, dass auf diese Berge einmal Menschen geblickt hatten, die nicht frei waren. Der Gedanke war zu qualvoll, um ihm länger nachzuhängen.

Jetzt, viele Jahre nach diesem Moment auf dem Schulhof, wurde die Zeit der Sklaverei durch die Quellen real. Sie gewährten mir Einblick in das Leben auf den Plantagen. Eine der Plantagen war offenbar nicht fern vom Standort unserer Schule gewesen; eine Straße ganz in der Nähe trug noch den anglisierten französischen Namen eines der Besitzer im achtzehnten Jahrhundert. In den Quellen begab ich mich – sehr häufig – in das Gefängnis der Stadt, wo das Hauptgeschäft des französischen Gefängniswärters und seines Sklavengehilfen darin bestand, die Sklaven zu bestrafen (die Gebühren unterschieden sich je nach Bestrafung und wurden von den Besitzern gezahlt), und wo es direkt unter dem Ziegeldach spezielle, glühend heiße Zellen für Sklaven gab, die man für Zauberer hielt.

Aus der Akte eines ungewöhnlichen Mordprozesses – beim Leichenschmaus für eine freie Farbige hatte ein Sklave einen anderen umgebracht – gewann ich eine Vorstellung davon, wie bei den Sklaven in den 1790er Jahren das Leben auf der Straße ausgesehen haben mochte, und ich begriff, dass die Art von Straße, in der wir gelebt hatten, und das dazugehörige Leben, das ich aus der Ferne beobachtet hatte, von den Straßen und dem entsprechenden Leben hundertfünfzig Jahre zuvor nicht weit entfernt waren. Diese Vorstellung, dass die Straßen in der Stadt eine Geschichte, eine Vorfahrenschaft hatten, war mir neu. Was ich kannte, war mir alltäglich vorgekommen, ungeplant, einfach da, ohne irgendeine Art von Vergangenheit. Doch die Vergangenheit war da: In Mr Worms Unterricht unter dem Samaanbaum im Schulhof standen wir womöglich auf dem Gelände von Dominique Derts Plantage »Bel Air«, wo 1803 der *commandeur*, der Sklavenaufseher, aus verfehlter Liebe zu seinem Herrn versucht hatte, die anderen Sklaven zu vergiften.

Quälender allerdings war der Gedanke an die verschwundenen Ureinwohner, auf deren Land und unter deren Geistern wir alle lebten. Das Landstädtchen, in dem ich geboren bin und in dessen Nähe ich auf einem Zuckerrohrfeld unser *Ramlila* gesehen hatte, trug einen Namen aus der Sprache der Ureinwohner. Im British Museum entdeckte ich eines Tages – in einem Brief, den der spanische König 1625 an den örtlichen Gouverneur geschickt hatte –, dass es einmal der Name eines unbequemen kleinen Stammes von knapp über tausend Menschen gewesen war. 1617 hatten sie den englischen Angreifern als Führer auf dem Fluss gedient. Acht Jahre später – Spanien hatte ein gutes Gedächtnis – hatte der spanische Gouverneur genügend Männer beisammen, um eine nicht genauer benannte Kollektivstrafe an diesem Stamm zu vollstrecken; danach tauchte der Name in den Akten nicht mehr auf.

Dies war mehr als nur eine Information über die Ureinwohner. Bis zu einem gewissen Grad änderte es meine eigene Vergangenheit. Ich konnte nicht mehr denken, dass das *Ramlila*, das ich als Kind gesehen hatte, am Anfang aller Dinge gestanden hatte. Ich musste in meiner Vorstellung Raum für einen anderen Schlag Menschen auf dem Gelände des *Ramlila* schaffen. Die fiktionale Literatur allein hätte mich nicht zu diesem tieferen Verständnis geführt.

Ich schrieb kein weiteres Buch, bei dem ich nur auf der Basis von Quellen arbeitete. Aber die Technik, die ich mir angeeignet hatte – den Blick durch eine Vielfalt von Eindrücken hindurch auf eine zentrale menschliche Erzählung zu richten –, wandte ich auch auf die Reisebeschreibungen (oder besser gesagt, die Beschreibungen meiner persönlichen Erkundungen) an, die ich im Laufe der folgenden dreißig Jahre verfasste. In dem Maße also, in dem meine Welt sich über meine direkte persönliche Lebenssituation, den klassischen Themenbereich fiktionaler Literatur, hinaus erweiterte und in dem mein Verständnis sich vertiefte, flossen die literarischen Formen, derer ich mich bediente, zusammen und ergänzten einander; und ich könnte nicht behaupten, dass eine Form der anderen übergeordnet gewesen wäre. Die Form ergab sich aus dem Stoff, die Bücher waren alle Teil desselben Erkenntnisprozesses. Das war es, was meine Entscheidung für die Schriftstellerlaufbahn – zunächst nicht mehr als eine Kinderfantasie, später der drängendere Wunsch, Geschichten zu schreiben – mir auferlegt hatte.

Der Roman war eine importierte Form. Für die Schriftsteller aus dem Mutterland stellte er bloß einen Aspekt der Selbsterkenntnis dar; er war umgeben von einer Fülle sonstiger Gelehrsamkeit, sonstiger Imaginationsformen, sonstiger Disziplinen. Für mich war er zu Beginn mein Ein und Alles. Anders als den Schriftstellern aus dem Mutterland fehlte mir das Wissen um eine Vergangenheit. Die Vergangenheit unserer Gemeinschaft endete für die meisten von uns bei unseren Großvätern, weiter konnten wir nicht blicken. Und in der Plantagenkolonie war, wie den humorigen Reiseführern zu entnehmen, praktisch nichts geschehen. Der Roman, den man über seine unmittelbaren Lebensumstände schrieb, hing also in einem Vakuum, ohne Kontext, ohne die umfassendere Selbstkenntnis, die mit einem Roman aus dem Mutterland immer einherging.

Als ich in meiner Kindheit versucht hatte zu lesen, hatte ich das Gefühl gehabt, dass zwischen mir und den Büchern, die mir in der Schule und den Bibliotheken geboten wurden, zwei Welten lagen: die von mir als Kind erlebte Welt unseres erinnerten Indiens und die stärker kolonial geprägte Welt unserer Stadt. Ich hatte gedacht, dass meine Schwierigkeiten mit den sozialen und emotionalen Verstörungen meiner Kindheit zusammenhingen – jenem Gefühl, ins Kino gekommen zu sein, nachdem der Film schon längst angefangen hat – und dass sie sich mit zunehmendem Alter in Luft auflösen würden. Was ich nicht wusste, auch nachdem ich meine ersten Bücher geschrieben hatte, in denen mich nur die Story, die Figuren, die Suche nach einem stimmigen Schluss und die geschickte Platzierung der Witze beschäftigt hatten, war, dass ebendiese beiden Sphären der Dunkelheit zu meinem Thema geworden waren. Die fiktionale Literatur hatte ihre geheimnisvolle Wirkung entfaltet, hatte über Umwege den richtigen Weg aufgezeigt und mich zu meinem Thema geführt. Doch sie konnte nicht alles für mich leisten.

Der Schriftsteller und Indien

1.

Indien war der eigentliche Schmerz. Es war ein abhängiges Land. Und es war außerdem das Land, aus dessen unbeschreiblicher Armut unsere Großväter Ende des neunzehnten Jahrhunderts hatten fliehen müssen. Diese beiden Indien existierten nebeneinander. Das politische Indien, das Indien der Freiheitsbewegung, hatte seine großen Namen. Das andere, persönlichere Indien lag im Verborgenen; es verschwand mit der verblassenden Erinnerung. Es war kein Indien, über das wir hätten lesen können. Es war nicht das Indien Kiplings oder E.M. Forsters oder Somerset Maughams, und es war weit entfernt von dem stilvollen Indien Nehrus und Tagores. (Es gab einen indischen Schriftsteller, Premchand [1880–1936], dessen auf Hindi und Urdu geschriebene Geschichten unsere dörfliche Vergangenheit für uns hätten greifbar machen können. Aber wir wussten nichts von ihm, wir waren nicht Leser in diesem Sinne.)

In dieses persönliche Indien, nicht in das Indien der Unabhängigkeit und der großen Namen, reiste ich, als die Zeit dafür gekommen war. Ich war ausgesprochen nervös. Doch ich war in keinster Weise auf die Zerrüttung vorbereitet, die ich dort sah. Ich kannte kein anderes Land, in dem es so viele Spielarten von Elend gab, und nur wenige Länder, die so dicht bevölkert waren. Ich hatte das Gefühl, mich auf einem Kontinent zu befinden, wo sich, abgetrennt vom Rest der Welt, eine mysteriöse Katastrophe zugetragen hatte. Und doch war das, was ich als so unübersehbar und überwältigend empfand, in der modernen Literatur, die ich kannte, ob englisch oder indisch, nicht zu finden. In einer von Kiplings Erzählungen bildete eine Hungersnot in Indien den Hintergrund für eine Romanze zwischen englischen Liebenden; im Allgemeinen war die bittere Not in Indien sowohl in der englischen als auch der indischen Literatur, wenn sie denn überhaupt zur Kenntnis genommen wurde, etwas Zeitloses, Gegebenes, etwas, das nur als Hintergrund gelesen werden sollte. Und natürlich gab es Menschen, die meinten, in der spezifischen Not Indiens eine ganz spezifische Spiritualität zu entdecken.

Erst bei Gandhi fand ich – in den Kapiteln seiner Autobiographie *Die Geschichte meiner Experimente mit der Wahrheit*, in denen er beschreibt, wie er in den 1890er Jahren vom Elend der schutzlosen indischen Arbeiter in Südafrika erfuhr; und auch hier nur kurzzeitig und sehr versteckt – einen empfindlichen Schmerz, der meinem Schmerz in Indien entsprach.

Ich schrieb ein Buch, nachdem ich mein Vorhaben

schon aufgegeben hatte. Doch von dem Schmerz kam ich nicht los. Es kostete Zeit – ausgiebiges Schreiben in vielen verschiedenen Stimmungen –, bis ich über die Zerrüttung hinausblicken konnte. Es kostete Zeit, durch die Voreingenommenheit, die Fantasien zu dringen, welche die in Indien vorherrschenden politischen Vorstellungen von der indischen Vergangenheit kennzeichneten. Der Kampf um die Unabhängigkeit, die antibritische Bewegung hatten die mannigfachen Katastrophen in Indien vor der Zeit der Briten verschleiert. Belege für diese Katastrophen waren überall zu finden. Aber die Unabhängigkeitsbewegung war wie eine Religion; was sie nicht sehen wollte, das sah sie nicht.

Nach 1000 n. Chr. hatten die moslemischen Invasoren auf dem Subkontinent mehr als sechshundert Jahre lang hemmungslos gewütet. Sie hatten König- und Kaiserreiche aufgebaut und gegeneinander gekämpft. Sie hatten die Tempel der örtlichen Religionen im Norden dem Erdboden gleichgemacht; sie waren tief in den Süden vorgedrungen und hatten auch dort Tempel entweiht.

Für den indischen Nationalismus des zwanzigsten Jahrhunderts waren diese Jahrhunderte der Unterwerfung unbequem. Daher wurde die Geschichte umgekrempelt: Herrscher und Beherrschte, Eroberer und Untertanen, Gläubige und Ungläubige vor der Zeit der Briten wurden eins. Gegenüber der britischen Großmacht war das in gewisser Weise sinnvoll. Dennoch war es für die nationalistischen Autoren, die die Idee der Ganzheit Indiens vor Ankunft der Briten propagieren wollten, einfacher, sehr weit zurückzugehen, in vorislamische Zeiten, ins fünfte oder siebte Jahrhundert, als Indien für manche der Nabel der Welt war und buddhistische Gelehrte aus China zu indischen Zentren buddhistischer Gelehrsamkeit pilgerten.

Der im 14. Jahrhundert lebende, aus Marokko stammende moslemische Theologe und Weltreisende Ibn Battuta passte nicht so recht in dieses Bild der Ganzheit Indiens. Ibn Battuta wollte alle Länder der moslemischen Welt bereisen. Wo immer er hinkam, lebte er von der Freigebigkeit der moslemischen Herrscher; er erwiderte sie mit purer arabischer Frömmigkeit.

Indien besuchte er als ein erobertes moslemisches Land. Man gewährte ihm die Einkünfte (oder die Ernte) von fünf Dörfern, dann – trotz der Hungersnot – zweier weiterer, und er blieb sieben Jahre. Schließlich aber musste er doch die Flucht ergreifen. Der moslemische Herrscher in Delhi, der letzte von Ibn Battutas Gönnern, sah gern Blut und ließ täglich Hinrichtungen (und Folterungen) auf der Schwelle seines Audienzsaals vollziehen; die Leichen ließ er drei Tage lang liegen. Selbst Ibn Battuta, der mit den Verhaltensweisen moslemischer Despoten auf der ganzen Welt vertraut war, begann sich zu fürchten. Als vier Wachleute mit seiner Beobachtung beauftragt wurden, glaubte er, sein letztes Stündlein habe geschlagen. Er hatte den Herrscher und seine Beamten wegen diesem und jenem geplagt und sich des Öfteren darüber beschwert, dass die Gaben des Herrschers von den Beamten abgeschöpft würden, bevor sie ihn erreichten. Nun – von der Angst inspiriert – erklärte er sich zum reuigen Sünder, der der Welt entsagt hatte. Er fastete fünf Tage lang, las an jedem dieser Tage von morgens bis abends im Koran, und als er das nächste Mal vor den Herrscher trat, war er wie ein Bettelmönch gekleidet. Die Entsagung des Theologen erweichte das harte Herz des Despoten und erinnerte ihn daran, dass es höhere Sphären gab; er ließ Ibn Battuta gehen.

In Ibn Battutas Schilderung tauchten die Einheimischen nur am Rande auf. Sie waren in den Dörfern lebende Leibeigene (die dem Herrscher gehörten und damit Gegenstand seiner Freigebigkeit gegenüber dem Reisenden waren) oder einfache Sklaven (Ibn Battuta reiste gern in Begleitung junger Sklavinnen). Die religiösen Überzeugungen dieser Menschen hatten für einen moslemischen Theologen einen gewissen Kuriositätswert, waren aber ansonsten nicht von Interesse; in Delhi waren ihre Idole im Wortsinne gestürzt worden. Das Land gehörte nicht mehr den Einheimischen, und für den fremden Herrscher hatte es nichts Heiliges.

Bei Ibn Battuta konnte man die Anfänge der Zerrüttung sehen. Für europäische Reisende des 17. Jahrhunderts wie Thomas Roe oder Bernier sprach das Elend der Bevölkerung – die Menschen wohnten in Hütten direkt vor den Palästen der Moguln – dem

Prunk der Herrscher hohn. Und in der Wahrnehmung William Howard Russells, der 1858/59 für *The Times* über den Sepoy-Aufstand berichtete und dazu langsam von Kalkutta bis zum Pandschab reiste, befand sich das ganze Land in einem jahrhundertealten Zustand der Verheerung, verrichteten die halb verhungerten (»hohlschenkligen«) einfachen Leute stumpf ihre niedrigen Arbeiten und dienten den Briten genauso, wie sie jedem vorangegangenen Herrscher gedient hatten.

Auch wenn ich damals keine Worte dafür gefunden hatte, so hatte ich als Kind doch an die Ganzheit Indiens geglaubt. Das *Ramlila* – jenes Dramenfest auf Basis des *Ramajana*, das wir einmal auf dem Feld vor unserem kleinen Städtchen miterlebt hatten –, unsere religiösen Riten und all unsere privaten Bräuche waren Teil dieser Ganzheit; wir hatten sie hinter uns gelassen. Die neue Wahrnehmung der Vergangenheit, die im Laufe der Jahre in mir entstand, räumte mit dieser romantischen Vorstellung auf, zeigte mir, dass die Zivilisation unserer Vorfahren – der wir in unserer fernen Kolonie auf so vielfältige Weise Tribut gezollt und die wir als uralt und intakt betrachtet hatten – angesichts der moslemischen Invasoren so hilflos gewesen war, wie es die Mexikaner und Peruaner angesichts der Spanier gewesen waren; sie war zu einem Gutteil zerstört worden.

2.

Für jegliche Erfahrung gibt es eine angemessene Form, und ich kann mir nicht vorstellen, was für eine Art von Roman ich über Indien hätte schreiben können. Der Roman funktioniert am besten innerhalb eines klar definierten moralischen und kulturellen Rahmens mit allseits bekannten Regeln, und innerhalb dieses Rahmens wird er am besten solchen Themen gerecht – Gefühlen, Impulsen, moralischen Skrupeln –, die mit anderen literarischen Formen nicht oder nur unvollständig zu fassen sind.

Die Erfahrung, die ich machte, war meine ganz persönliche Erfahrung. Um einen Roman darüber zu schreiben, hätte ich jemanden wie mich erschaffen müssen, jemanden mit meinen Vorfahren und meinem Hintergrund, und dazu irgendeinen Anlass, warum diese Person nach Indien reiste. Ich hätte die ursprüngliche Erfahrung mehr oder weniger duplizieren müssen und hätte nichts dadurch gewonnen. Tolstoi bediente sich des Fiktionalen, um die Belagerung von Sewastopol näher heranzurücken, ihr mehr Wirklichkeit zu verleihen. Wenn ich versucht hätte, einen Roman über Indien zu schreiben, wenn ich die ganze Maschinerie des Fiktionalen in Gang gesetzt hätte, dann hätte ich meiner Ansicht nach eine wertvolle Erfahrung verfälscht. Der Wert meiner Erfahrung lag genau in ihrer

Eigentümlichkeit. Ich musste sie so getreu wie möglich wiedergeben.

Der Roman des Mutterlandes, diese attraktive und scheinbar so leicht zu imitierende Form, geht mit gewissen Grundannahmen über die Gesellschaft einher: die Zugänglichkeit umfassenderer Bildung, das Vorhandensein eines Geschichtsbewusstseins und das Streben nach Selbsterkenntnis. Wenn diese Grundannahmen nicht zutreffen, wenn eine umfassendere Bildung nicht oder nur unvollständig vorhanden ist, dann bin ich mir nicht sicher, ob der Roman mehr vermitteln kann als nur Äußerlichkeiten. Die Japaner haben die Romanform bei sich eingeführt und sie ihrer eigenen reichen literarischen und geschichtlichen Tradition eingegliedert; es entstand kein Konflikt. Aber wo, wie in Indien, die Vergangenheit weggerissen und die Geschichte unbekannt oder nicht erfahrbar ist oder verleugnet wird, da möchte ich bezweifeln, ob die geborgte Form des Romans mehr als einer Teilwahrheit Ausdruck verleihen kann – ein schwach erleuchtetes Fenster in der allseitigen Finsternis.

Vor vierzig bis fünfzig Jahren, als die indischen Schriftsteller noch wenig Beachtung fanden, war der Schriftsteller R. K. Narayan für uns, die wir schreiben wollten (ich schließe meinen Vater und mich hier ein), Wohltat und Vorbild. Narayan schrieb auf Englisch über das Leben in Indien. Das ist alles andere als einfach, und Narayan kam den Schwierigkeiten bei, indem er sie scheinbar ignorierte. Er schrieb leichthändig, geradeheraus, fast ohne Erklärung von Gesellschaftlichem. Sein Englisch war so persönlich und unangestrengt, so frei von englischen Konnotationen, dass kein Gefühl der Unstimmigkeit aufkam; er schien immer aus seiner eigenen Kultur heraus zu schreiben.

Er schrieb über die Menschen in einer kleinen Stadt Südindiens: kleine Leute, große Worte, kleine Geschäfte. Hier begann er, und hier war er auch fünfzig Jahre später noch. Bis zu einem gewissen Grad spiegelt das Narayans eigenes Leben wider. Er entfernte sich nie weit von seinen Ursprüngen. Als ich ihm 1961 in London begegnete – er war auf Reisen gewesen und im Begriff, nach Indien zurückzufahren –, erzählte er mir, dass es ihn dränge, nach Hause zurückzukehren, seine Spaziergänge zu machen (mit einem Regenschirm zum Schutz vor der Sonne) und wieder unter seinen Figuren zu sein.

Er gebot wirklich über seine Welt. Sie war vollendet, war immer da, wartete auf ihn; und sie war fern vom Zentrum des Geschehens, sodass etwaige Störungen von außen verpufft waren, bevor sie etwas hätten bewirken können. Selbst die Unabhängigkeitsbewegung in den turbulenten 1930er und 40er Jahren war weit weg, und die britische Präsenz machte sich in erster Linie in den Namen von Orten und Gebäuden bemerkbar. Dieses Indien schien sich über jeden Pomp lustig zu machen, und es ging seinen eigenen Weg.

Dynastien stiegen auf und gingen unter. Paläste und Prachtvillen erstanden und verschwanden wieder. Das ganze Land erlag dem Feuer und dem Schwert des Eroberers, und es wurde reingewaschen, als Sarayu [der örtliche Fluss] über seine Ufer trat. Doch Wiedergeburt und Wachstum folgten jedes Mal.

In dieser Darstellung (aus einem von Narayans mystischeren Büchern) wirken das Feuer und das Schwert der Bezwingung wie Abstraktionen. Es gibt kein wirkliches Leid, und die Wiedergeburt gleicht einem Wunder. Die kleinen Leute aus Narayans Büchern, die mit unbedeutenden Tätigkeiten unbedeutende Geldsummen verdienen und deren Leben von beruhigenden Ritualen regiert wird, erscheinen vom Lauf der Geschichte seltsam isoliert. Sie wirken wie ins Leben gehaucht, scheinen bei näherer Betrachtung keine Vorfahren zu haben. Sie haben einen Vater, vielleicht noch einen Großvater, aber weiter können sie nicht in die Vergangenheit zurückblicken. Sie besuchen die alten Tempel, haben aber nicht das Selbstvertrauen der alten Baumeister; sie können nichts bauen, das überdauern wird.

Das Land jedoch ist heilig, und es hat eine Vergangenheit. Einer der Figuren in obigem mystischem Roman wird ein Blick in diese Vergangenheit gewährt, und zwar in Form schlichter Tableaus. Das erste stammt aus dem *Ramajana* (etwa um 1000 v. Chr.), das zweite zeigt den Buddha (im sechsten Jahrhundert

v. Chr.), das dritte den Philosophen Shankaracharya im neunten Jahrhundert, das vierte die tausend Jahre später erfolgende Ankunft der Briten, und am Ende steht Mr Shilling, der örtliche Bankdirektor.

Was die Tableaus auslassen, sind die Jahrhunderte moslemischer Invasion und Herrschaft. Narayan verbrachte einen Teil seiner Kindheit im Staat Mysore. Mysore hatte einen hinduistischen Maharadscha. Die Briten setzten ihn ein, nachdem sie den moslemischen Herrscher besiegt hatten. Der Maharadscha entstammte einer berühmten Familie, seine Vorfahren waren Satrapen des letzten großen hinduistischen Königreichs im Süden gewesen. Dieses Königreich wurde 1565 von den Moslems besiegt, seine gigantische Hauptstadt (und mit ihr die Summe menschlicher Begabung, die sie aufrechterhalten hatte) wurde fast vollständig zerstört; zurück blieb ein dermaßen ausgelaugtes, fast jeglicher menschlicher Schöpferkraft beraubtes Land, dass man sich heute kaum vorstellen kann, wie hier einmal ein großes Reich hatte entstehen können.

Die schrecklichen Ruinen der Hauptstadt – die noch vierhundert Jahre später von Plünderei, Hass und Blutvergießen zeugten, von der Niederlage der Hindus, der Zerstörung einer ganzen Welt – lagen etwa eine Tagesreise von der Stadt Mysore entfernt.

Narayans Welt ist letztlich gar nicht so verwurzelt und vollendet, wie sie zunächst erscheint. Seine kleinen Leute träumen ganz einfach von dem, was ihrer

Vermutung nach einmal war, aber sie haben keine persönlichen Vorfahren; ihre Vergangenheit ist ein weißer Fleck. Ihr Leben ist bescheiden, muss bescheiden sein: So, mit den schlichten neuen Strukturen der britischen Kolonialordnung (Schule, Straße, Bank, Gericht), hat es aus den Ruinen erwachsen dürfen. Wenn in Narayans Büchern die Geschichte zur Kenntnis genommen wird, dann weniger in Gestalt eines weisen und überdauernden hinduistischen Indiens als in Gestalt einer Lobpreisung des versöhnenden britischen Friedens.

Kann die geborgte Form des englischen oder europäischen Romans in Indien Äußerlichem mittlerweise gerecht werden, so wird ihr die schreckliche Essenz der Dinge doch entgehen. Auch ich als ein Romanautor, der seine eigene Welt kaum verstand – unseren Familienhintergrund, unsere Auswanderung, das seltsame halberinnerte Indien, in dem wir noch eine Generation lang lebten, Mr Worms Schule, die literarischen Ambitionen meines Vaters –, auch ich konnte nur mit dem Äußerlichen beginnen. Wollte ich darüber hinausgehen, was ich bald musste, da ich nicht die Vorstellung oder Illusion einer vollendeten Welt hatte, die irgendwo auf mich wartete, musste ich andere Möglichkeiten finden.

3.

Für die Dauer von sechzig oder siebzig Jahren wurde im Europa des neunzehnten Jahrhunderts der Roman, der sich in den Händen einer Riege von Meistern sehr rasch entwickelte, zu einem außerordentlichen Instrument. Er bewerkstelligte, was keine andere literarische Form – Essay, Gedicht, Drama, Geschichtsdarstellung – bewerkstelligen konnte. Er vermittelte der industriellen oder sich industrialisierenden oder modernen Gesellschaft eine genaue Vorstellung von sich selbst. Er zeigte sehr direkt, was noch nie gezeigt worden war, und er veränderte die Sichtweise. Gewisse Aspekte der Form mochten später modifiziert oder eher spielerisch behandelt werden, aber das Grundmuster des modernen Romans war festgelegt, sein Programm umrissen.

Wir alle, die wir danach gekommen sind, müssen Nachahmer bleiben. Wir können nie mehr die Ersten sein. Vielleicht können wir mit neuem, exotischem Stoff aufwarten, aber das Programm, dem wir folgen, ist uns vorgegeben. Wir können nicht die schreibende Entsprechung Robinson Crusoes sein, der auf seiner Insel »das erste Gewehr ... seit Erschaffung der Welt« abfeuert. Aber genau diesen Schuss (um bei der Metapher zu bleiben) hören wir, wenn wir uns den Urhebern zuwenden. Sie sind die Ersten, wissen es nicht, als sie anfangen, doch irgendwann wissen sie es dann (so wie Machiavelli in seinen *Discorsi* und Montaigne in seinen *Essais*) und sind begeistert über ihre Entdeckung. Diese Begeisterung teilt sich uns mit, und in den Werken steckt eine nicht reproduzierbare Energie.

Die folgende lange Passage stammt aus dem zweiten Kapitel von *Nicholas Nickleby*. Dickens ist sechsundzwanzig und völlig unverbraucht. Der Stoff ist alltäglich. Genau darum geht es. Dickens scheint gerade entdeckt zu haben (nach Boz und Pickwick und *Oliver Twist*), dass er über alles, was er in London sieht, schreiben kann; die Handlung kann warten.

> *Mr. Nickleby klappte ein Kontobuch zu, das auf seinem Pult lag, warf sich zurück in seinen Sessel und blickte in tiefem Sinnen durch das schmutzige Fenster. Manche Londoner Häuser haben ein melancholisches Stückchen Erde hinter sich, gewöhnlich von vier getünchten Mauern eingefaßt, auf das einige Schornsteinkästen drohend herunterblicken. Gewöhnlich verkümmert darin von Jahr zu Jahr ein verkrüppelter Baum, der jeden Spätherbst das erstaunliche Schauspiel gibt, ein paar kümmerliche Blätter zu treiben, wenn alle andern Bäume ihr Laub verlieren; dann siecht er, erschöpft von der Anstrengung, weiter dahin, rauchgedörrt und mit rissiger Rinde, bis sich im nächsten Spätherbst der Vorgang wiederholt (...) Manchmal nennen die Leute diese dunklen Höfe »Gärten«; vermutlich wurden sie jedoch niemals bepflanzt, sie sind eher ein Stück Brach-*

land mit der kläglichen Vegetation des ehemaligen Ziegeleigeländes. Kein Mensch denkt je daran, in diesen trostlosen Höfen spazierenzugehen oder sie auch nur zu beachten. Ein paar Körbe, ein halbes Dutzend zerbrochener Flaschen und dergleichen Müll wird vielleicht hineingeworfen, wenn ein Mieter einzieht, aber nichts weiter, und bleibt dort liegen, bis er wieder auszieht; das feuchte Korb- und Strohgeflecht darf beliebig lange modern und verschmilzt dann mit schäbigen Schachteln, verkümmerten braunen Grashalmen und zerbrochenen Blumentöpfen, die traurig verstreut daliegen, zur Beute von Ruß und Schmutz.

So ein Hof war es, in den Mr. Nickleby jetzt blickte (…) Er hatte die Augen auf eine verwachsene Föhre gerichtet, die ein früherer Mieter in einen einstmals grünen Zuber gepflanzt und vor Jahren dort vergessen hatte und nach und nach absterben ließ. (…)

Endlich wanderten seine Augen zu einem kleinen schmutzigen Fenster links, durch welches das Gesicht seines Schreibers undeutlich zu erkennen war. Der brave Mann blickte auf, und Mr. Nickleby winkte ihn zu sich heran.

[Übersetzung: Maria von Schweinitz; aus: *Nicholas Nickleby*, Winkler-Verlag, München 1966]

Das ist hinreißend, in all seinen Einzelheiten, und wir bleiben dabei, weil wir, genau wie der Schriftsteller, spüren, dass so etwas noch nie zuvor geschrieben worden ist. Was zugleich bedeutet, dass es nicht noch einmal mit derselben Wirkung geschrieben werden kann. Die Aura der Entdeckung würde verloren gehen und damit die Stärke dieser Art des Schreibens. Alles Schreiben muss neu sein; und jedes Talent verausgabt sich restlos. Einundzwanzig Jahre später, in der Weinfassszene von *Eine Geschichte zweier Städte* (1859), ist der Dickens'sche scharfe Blick zur Technik geworden, eindrucksvoll, aber nur noch Selbstzweck, die Einzelheiten seltsam konstruiert, eher Verstand und Gewohnheit geschuldet als dem Auge.

> *Ein großes Faß war auf die Straße gefallen und geplatzt (...) es lag auf dem Pflaster, dicht vor der Tür der Weinschenke, zertrümmert wie eine Nußschale.*
>
> *Alle Leute der Nachbarschaft hatten ihre Beschäftigung oder ihr Nichtstun unterbrochen, um herbeizueilen und den Wein zu trinken. Das holprige, ungleichmäßige Pflaster der Straße, das nach allen Seiten stach und, wie man meinen konnte, eigens dazu bestimmt war, jedes lebendige Wesen, das ihm nahe kam, lahm zu machen, hatte den Wein in kleine Pfützen zerteilt; und um jede stand, je nach ihrem Umfang, eine größere oder kleinere Gruppe. Einige Männer knieten nieder, machten Schöpfkellen aus beiden Händen und schlürften oder versuchten den Frauen, die sich über ihre Schultern vorbeugten, etwas zum Schlürfen zu reichen, ehe alles durch ihre Finger lief. Andere, Männer und Weiber, tauchten in die Pfützen Scherben von Ton-*

geschirr oder gar Kopftücher der Weiber, die dann in den Mund von Säuglingen ausgequetscht wurden …

[Übersetzung: Julius Seybt, durchges. von Anthon Ritthaler; aus: *Eine Geschichte zweier Städte*, Winkler-Verlag, München 1966]

Nur die zertrümmerte Nussschale und die »Scherben von Tongeschirr« erinnern an den jungen Dickens. Die anderen Einzelheiten lassen nicht das Paris der (siebzig Jahre zurückliegenden) Revolutionszeit erstehen, sondern fügen sich eher zur Symbolik der politischen Karikatur zusammen.

Literatur ist die Summe ihrer Entdeckungen. Nachahmungen können eindrucksvoll und intelligent sein. Sie können erfreuen und haben ihre Wirkungsdauer, ob kurz oder lang. Aber letztlich zieht es uns immer zum Original zurück. Was in der Literatur zählt, was bleibt, ist das wirklich Gute. Und gut ist – auch wenn ausgereizte Formen noch wahre Wunder an Kurzweil hervorbringen können, wie etwa *Ernst sein ist alles* oder *Auf der schiefen Ebene* –, gut ist immer das, was neu ist, sowohl inhaltlich als auch formal. Was gut ist, lässt jegliches Vorbild hinter sich, ist unerwartet; wir müssen es im Flug erwischen. Das Schreiben solcher Literatur kann nicht in einem Kurs gelehrt werden.

Wie jede lebendige Kunst ist auch die Literatur stets in Bewegung. Es ist Teil ihrer Lebendigkeit, dass ihre dominante Form sich immer wieder ändert. Keine literarische Form – sei es das Shakespeare'sche Theaterstück, das epische Gedicht, die Komödie der Restaurationszeit, der Essay oder die Geschichtsdarstellung – kann sehr lang das gleiche Maß an Inspiration aufrechterhalten. So wie jedes schöpferische Talent sich restlos verausgabt, gelangt jede literarische Form irgendwann ans Ende ihrer Möglichkeiten.

Der neue Roman hatte dem Europa des neunzehnten Jahrhunderts eine bestimmte Art von Neuigkeit zu bieten. Das späte zwanzigste Jahrhundert, das von Neuigkeiten übersättigt und kulturell weit verworrener ist und mit Völkerwanderungen und Migrationen wie zu Zeiten des Römischen Reichs rechnen muss, benötigt eine andere Art der Interpretation. Der Roman, der (entgegen allem Anschein) immer noch dem Programm seiner Urheber aus dem neunzehnten Jahrhundert folgt, immer noch von deren damaliger Vision zehrt, kann die ungefügige neue Realität fast unbemerkt verzerren. Als Form ist der Roman mittlerweile alltäglich genug – und beschränkt genug –, um unterrichtet werden zu können. Er begünstigt eine Vielfalt kleiner Narzissmen, nahe liegende und weniger nahe liegende; sie treten an die Stelle von Originalität und verleihen der Form scheinbare Lebendigkeit. Es ist eine der großen Selbsttäuschungen unserer Zeit (und der Werbeindustrie), dass der Roman weiterhin die höchste, die vollkommene literarische Ausdrucksform sei.

An dieser Stelle muss ich an den Anfang zurückkehren. Aus dem kolonialen Nachhall der großen Errungenschaft des neunzehnten Jahrhunderts entstand – vielleicht über einen Lehrer oder Freund – Ende der 1920er Jahre in meinem Vater der Wunsch, Schriftsteller zu werden. Er wurde es, wenn auch nicht so, wie er es sich vorgestellt hatte. Er leistete gute Arbeit; seine Geschichten gaben unserer Gemeinschaft eine Vergangenheit, die sonst verloren gegangen wäre. Aber es bestand ein Konflikt zwischen seinem Ziel, das von außen, aus einer anderen Kultur kam, und unserer Gemeinschaft, die keine lebendige literarische Tradition besaß; die hart erarbeiteten Geschichten meines Vaters haben unter den Menschen, von denen sie handelten, nur sehr wenige Leser gefunden.

Mein Vater hat seine schriftstellerischen Ambitionen an mich weitergegeben, und ich, der ich in einer anderen Zeit aufgewachsen bin, habe diese Ambitionen fast vollständig umsetzen können. Aber ich weiß noch, wie schwer es mir als Kind fiel, ernsthafte Literatur zu lesen; zwei Sphären der Dunkelheit trennten mich von ihr. Meine Vorstellungswelt speiste sich fast ausschließlich aus dem Kino. Alles dort war weit entfernt, und doch konnte man in dieser merkwürdigen, opernhaften Welt zu allem Zugang finden. Der Film war eine wahrhaft universelle Kunstform. Ich glaube, ich übertreibe nicht, wenn ich sage, dass ich ohne das Hollywood der 1930er und 40er Jahre geistig verkümmert wäre – das darf in diesem Abriss übers Lesen und

Schreiben nicht unerwähnt bleiben. Und ich komme nicht umhin, mich zu fragen, ob das Talent, das früher in die schöngeistige Literatur floss, im zwanzigsten Jahrhundert nicht in die glorreichen ersten fünfzig Jahre Kino eingegangen ist.

Danksagung

Diesen Essay – die ersten beiden Kapitel dieses Buches – habe ich für den Charles Douglas-Home Memorial Trust geschrieben. Charles Douglas-Home war von 1982 bis zu seinem Tod 1985 Herausgeber von *The Times of London*; die Stiftung wurde 1985 gegründet und verleiht jährlich einen Preis zu seinem Gedenken.

Zwei Welten

(Rede anlässlich der Verleihung des Nobelpreises für Literatur im Dezember 2001)

Dies ist eine ungewöhnliche Situation für mich. Ich habe Lesungen gehalten, jedoch keine Vorträge. Leuten, die mich bitten, einen Vortrag zu halten, sage ich, dass es nichts gibt, was ich vortragen könnte – und das ist die Wahrheit. Es mag seltsam erscheinen, dass ein Mann, der seit beinahe fünfzig Jahren mit Worten, Gefühlen und Ideen handelt, nicht ein paar davon erübrigen kann. Aber alles, was ich an Wertvollem zu sagen habe, steht in meinen Büchern. Und alles, was ich darüber hinaus in mir habe, ist noch nicht vollkommen ausgeformt. Ich bin mir seiner kaum bewusst; es wartet auf das nächste Buch. Es wird mir – wenn ich Glück habe – beim Schreiben bewusst werden und mich überrumpeln. Was ich beim Schreiben suche, ist dieses Element der Überrumpelung. Es ist die Richtschnur, nach der ich mein Tun beurteile – was nie leicht ist.

Proust hat den Unterschied zwischen dem Schriftsteller als Schriftsteller und dem Schriftsteller als gesellschaftlichem Wesen mit großem Scharfblick beschrieben. Seine Gedanken hierzu finden sich in einigen seiner Essays in dem Band *Gegen Sainte-Beuve*, einem Buch, in dem seine frühen Schriften zusammengefasst sind.

Im neunzehnten Jahrhundert vertrat der französische Kritiker Sainte-Beuve die Ansicht, man müsse, um einen Schriftsteller verstehen zu können, so viel wie möglich über die Lebensumstände dieses Menschen in Erfahrung bringen. Eine verlockende These: Man bedient sich des Menschen, um sein Werk zu erhellen. Sie erscheint unwiderlegbar. Doch Proust zerpflückt sie auf sehr überzeugende Weise. »Diese Methode«, schreibt er, »verkennt, was ein etwas tieferer Umgang mit uns selbst uns lehrt: dass ein Buch das Erzeugnis eines anderen Ich ist als dessen, das wir in unseren Gewohnheiten, in der Gesellschaft, in unseren Lastern zutage treten lassen. Wenn wir versuchen wollten, dieses Ich zu verstehen, so kann uns das nur im Innersten von uns selbst gelingen, indem wir versuchen, es in uns nachzuschaffen.«

An diese Worte Prousts sollten wir denken, wenn wir die Biographie eines Schriftstellers lesen – oder die irgendeines Menschen, der auf das angewiesen ist, was man als Inspiration bezeichnen kann. Alle Einzelheiten dieses Lebens, alle Marotten, alle Freundschaftsbeziehungen mögen vor uns ausgebreitet sein, und dennoch wird das Schreiben ein Rätsel bleiben, das auch durch keine noch so faszinierende Fülle von Fakten entschlüsselt werden kann. In dieser Hinsicht muss die Biographie eines Schriftstellers – selbst wenn es sich um seine Autobiographie handelt – immer unvollständig sein.

Proust ist ein Meister der veranschaulichenden Übertreibung, und ich möchte noch ein wenig aus *Gegen Sainte-Beuve* zitieren. »In Wahrheit«, schreibt Proust, »gibt man dem Publikum das, was man für sich selbst geschrieben hat, was ganz das Werk von einem selbst ist. Was man im vertrauten Kreise gibt, das heißt in der Konversation (...) sowie in diesen Darbietungen, die für den vertrauten Kreis bestimmt sind, das heißt, die auf den Geschmack einiger Personen zugeschnitten und also kaum mehr als geschriebene Konversation sind, stellt das Werk eines viel äußerlicheren Ich dar, nicht aber des wahren Ich, das man nur findet, wenn man die anderen und das Ich, das die anderen kennt, ausschaltet.«

Als er dies schrieb, hatte Proust noch nicht das Thema gefunden, das ihn zum Lohn seiner großen literarischen Mühen führte. Den von mir gewählten Zitaten kann man entnehmen, dass er ein Mensch war, der auf seine Intuition vertraute und auf das Glück wartete. Ich habe diese Worte bereits zuvor und an anderer Stelle zitiert, und zwar, weil sie erhellen, wie ich selbst an das Schreiben herangehe. Ich habe auf meine Intuition vertraut. Das habe ich zu Beginn meines Schriftstellerlebens getan, und das tue ich auch heute noch. Ich habe keine Vorstellung davon, was aus dem, was ich begonnen habe, werden wird, wohin das, was ich schreibe, führen wird. Ich habe immer darauf vertraut, dass meine Intuition ein Thema finden wird, und darüber habe ich dann intuitiv geschrieben. Zu Beginn habe ich lediglich eine Idee, eine flüchtige Gestalt; selbst wenn ich ein Werk abgeschlossen habe, dauert es Jahre, bis ich es ganz und gar verstehe.

Vorhin habe ich darauf hingewiesen, dass alles, was ich an Wertvollem zu sagen habe, in meinen Büchern steht. Ich möchte noch weiter gehen: Ich bin die Summe meiner Bücher. Jedes dieser intuitiv erspürten und – im Fall meiner Romane – intuitiv erschaffenen Bücher baut auf den vorangegangenen Werken auf und erwächst aus ihnen. Ich glaube, man hätte zu jedem Zeitpunkt meiner schriftstellerischen Karriere sagen können, in meinem neuesten Buch seien alle vorherigen enthalten.

Der Grund hierfür ist die Welt, aus der ich stamme: Sie war überaus einfach und zugleich überaus kompliziert. Ich bin in Trinidad geboren. Das ist eine kleine Insel in der Mündung des großen Orinoko, der sich in Venezuela ins Meer ergießt. Sie gehört also eigentlich nicht zu Südamerika, eigentlich aber auch nicht zur Karibik. Ursprünglich war die Insel eine Plantagenkolonie in der Neuen Welt, und als ich 1932 dort geboren wurde, hatte sie ungefähr 400 000 Einwohner. Etwa 150 000 davon waren Inder – Hindus und Moslems –, beinahe alle stammten aus der Gangesebene und waren bäuerlicher Herkunft.

Das war die kleine Gemeinschaft, in der ich aufwuchs. Die meisten Migranten waren nach 1880 auf die Insel gekommen, und zwar zu folgenden Bedingungen: Die Einwanderer verpflichteten sich, fünf Jahre lang auf den Plantagen zu arbeiten; nach Ablauf dieser Frist erhielten sie ein kleines Stück Land – etwa fünf Morgen – oder eine Schiffspassage zurück nach Indien. Aufgrund der Proteste von Gandhi und anderen wurde dieses System der vertraglichen Leibeigenschaft 1917 abgeschafft. Und deshalb – oder aus irgendwelchen anderen Gründen – wurde das Versprechen, sie würden ein Stück Land oder eine Schiffspassage erhalten, bei vielen, die später eintrafen, nicht eingelöst. Diese Menschen waren absolut mittellos. Sie schliefen auf den Straßen der Hauptstadt Port of Spain. Als Kind sah ich sie. Wahrscheinlich wusste ich nicht, dass sie mittellos waren – dieser Gedanke kam mir vermutlich erst viel später –, und ich nahm sie kaum wahr. Sie gehörten zur Grausamkeit des Lebens in einer auf Plantagenwirtschaft gegründeten Kolonie.

Ich wurde in einer Kleinstadt namens Chaguanas geboren, wenige Kilometer vom Golf von Paria entfernt. Im Hinblick auf Schreibweise und Aussprache war Chaguanas ein eigenartiger Name; von den Indern, die in dieser Gegend die Mehrheit bildeten, nannten viele die Stadt nach dem Namen einer indischen Kaste: Chauhan.

Ich war vierunddreißig, als ich herausfand, was es mit dem Namen meines Geburtsortes auf sich hatte. Das war in London; zu diesem Zeitpunkt lebte ich seit sechzehn Jahren in England. Ich arbeitete an meinem neunten Buch. Es handelte sich um eine Geschichte Trinidads, eine Geschichte seiner Bewohner, und ich versuchte, diese Menschen und ihre Geschichten wieder lebendig werden zu lassen. Ich verbrachte viel Zeit im British Museum und studierte spanische Dokumente über diese Region. Diese Dokumente – sie stammten aus spanischen Archiven – waren in den neunziger Jahren des 19. Jahrhunderts anlässlich eines heftigen Grenzstreites mit Venezuela für die britische Regierung kopiert worden. Das erste stammte aus dem Jahr 1530, das letzte aus der Zeit, als das spanische Weltreich bereits im Untergang begriffen war.

Ich las von der törichten Suche nach El Dorado und dem brutalen Angriff des englischen Seehelden Sir Walter Raleigh. 1595 überfiel er Trinidad, tötete alle Spanier, derer er habhaft werden konnte, und fuhr, auf der Suche nach El Dorado, den Orinoko hinauf. Er fand nichts, doch als er nach England zurückgekehrt war, behauptete er, El Dorado entdeckt zu haben. Als Beweis legte er ein Stück Gold und etwas Sand vor. Er sagte, er habe das Gold mit einer Hacke aus einer Felswand am Ufer des Orinoko geschlagen. Die Experten der königlichen Münze befanden den Sand für wertlos, und andere äußerten den Verdacht, Raleigh habe den Goldklumpen vor seiner Fahrt nach Südamerika in Nordafrika erworben. Um seine Behauptungen zu untermauern, veröffentlichte Raleigh ein Buch. Vier Jahrhunderte lang hat man geglaubt, er habe tatsächlich etwas entdeckt. Das Buch ist eine recht schwere Lektüre, und der Zauber, der von ihm ausging, lag in seinem sehr langen Titel: *Die Entdeckung des großen, reichen und schönen Reiches von Guayana, nebst einer Schilderung der großen und schönen Stadt Manoa (welche die Spanier El Dorado nennen) und der Provinzen Emeria, Aromaia, Amapaia und anderer Länder sowie ihrer Flüsse.* Wie echt das klingt! Und dabei war er kaum über das Orinokodelta hinausgekommen.

Und dann wurde Raleigh – wie so mancher andere Betrüger – zum Opfer seiner eigenen Fantasien. Einundzwanzig Jahre später, als alter, kranker Mann, wurde er aus dem Gefängnis von London entlassen, damit er nach Guayana fahren konnte, zu der Goldmine, die er behauptete gefunden zu haben. Im Verlauf dieses von Anfang an unredlichen Unternehmens kam sein Sohn ums Leben. Um seine Reputation und sein Lügengebäude aufrechtzuerhalten, hatte der Vater seinen Sohn in den Tod geschickt. Voller Gram und ohne irgendetwas, für das zu leben sich lohnte, kehrte Raleigh nach London zurück und wurde hingerichtet.

Hier hätte die Geschichte enden sollen. Doch die Spanier hatten ein langes Gedächtnis, zweifellos weil die Postwege des weltumspannenden Reiches so lang waren: Es konnte zwei Jahre dauern, bis ein in Trinidad geschriebener Brief seinen Empfänger in Spanien erreichte. Acht Jahre später waren die Spanier in Trinidad und Guayana noch immer dabei, ihre offenen Rechnungen mit den am Golf ansässigen Indianerstämmen zu begleichen. Eines Tages las ich im British Museum einen Brief des spanischen Königs an den Gouverneur von Trinidad. Er war auf den 12. Oktober 1625 datiert.

»Ich habe Euch angewiesen«, schrieb der König, »mir Nachricht zu geben über ein gewisses Indianervolk, das sich die Chaguanes nennt und das, wie Ihr sagt, aus mehr als eintausend Menschen besteht, die in ihrer Ruchlosigkeit die Engländer angeführt haben, als diese die Stadt überfielen und nahmen. Dieses Verbrechen ist bislang nicht bestraft worden, weil die dazu erforderlichen Kräfte nicht zur Verfügung standen und weil die Indianer keinen anderen Herren anerkennen als nur ihren eigenen Willen. Ihr habt beschlossen, sie zu bestrafen. Folgt also den Anweisungen, die ich Euch gegeben habe, und berichtet mir von Euren Fortschritten.«

Welche Maßnahmen der Gouverneur ergriff, weiß ich nicht. In den Dokumenten des British Museum konnte ich keine weiteren Hinweise auf die Chaguanes entdecken. Vielleicht existieren sie irgendwo in den Bergen von Papier, die in Sevilla in den Archiven ruhen und den von der britischen Regierung entsandten Gelehrten nicht wichtig genug erschienen, um abgeschrieben zu werden. Tatsache ist jedoch: Der kleine, aus knapp über tausend Menschen bestehende Stamm – der vermutlich an beiden Ufern des Golfs von Paria gelebt hat – war so gründlich ausgelöscht worden, dass in der Stadt Chaguanas oder Chauhan niemand mehr etwas von ihm wusste. Und im Museum kam mir der Gedanke, dass ich seit 1625 der erste Mensch war, für den der Brief des spanischen Königs tatsächlich eine Bedeutung besaß. Und dieser Brief war erst 1896 oder 1897 aus den Archiven zutage gefördert worden. Eine Auslöschung – und dann das Schweigen der Jahrhunderte.

Wir lebten auf dem Land der Chaguanes. Ich war damals gerade eingeschult worden und kam auf dem Weg vom Haus meiner Großmutter zur Schule jeden Tag an den zwei oder drei Geschäften an der Hauptstraße, an dem chinesischen Schönheitssalon, dem Jubilee Theatre und der kleinen portugiesischen Fabrik mit ihrem stechenden Geruch vorbei, in der billige blaue Seife und billige gelbe Seife in langen Stangen hergestellt wurden, die morgens zum Trocknen und Aushärten in die Sonne gelegt wurden. Jeden Tag kam ich auf dem Weg zur Chaguanas Government School an diesen zeitlos wirkenden Gebäuden vorbei. Hinter der Schule erstreckte sich eine Zuckerrohrplantage bis zum Golf von Paria. Die Menschen, die von diesem Erdboden getilgt worden waren, hatten ihre eigene Landwirtschaft, ihren eigenen Kalender, ihre eigenen Gesetze, ihre eigenen heiligen Stätten gehabt. Sie hatten die vom Orinoko erzeugten Strömungen im Golf von Paria gekannt. Nun waren sie mitsamt ihren Fertigkeiten und allem, was an sie hätte erinnern können, spurlos verschwunden.

Die Welt ist in ständiger Bewegung. Überall sind

irgendwann Menschen vertrieben oder vernichtet worden. Dennoch war ich schockiert, als ich 1967 entdeckte, was am Ort meiner Geburt geschehen war, denn ich hatte nie etwas davon geahnt. Doch so – so blind – lebten die meisten von uns in dieser landwirtschaftlich geprägten Kolonie. Dabei gab es keinen Geheimplan der Regierung, uns in dieser Finsternis zu halten. Es war wohl eher so, dass dieses Wissen schlicht nicht vorhanden war. Erkenntnisse über die Chaguanes hätte man für unbedeutend gehalten – abgesehen davon, dass sie nicht leicht zu erlangen waren. Schließlich handelte es sich um ein kleines Volk von Ureinwohnern. Wir kannten solche Menschen – sie lebten in Britisch-Guayana, einem Land, das wir B.G. nannten –, und für uns waren sie Witzfiguren. Leute, die laut waren und sich schlecht benahmen, wurden wohl von allen Gesellschaftsgruppen in Trinidad als Warrahoons bezeichnet. Ich dachte, das sei ein erfundenes Wort, das auf Wildheit hindeuten sollte; erst als ich mit über vierzig Jahren durch Venezuela fuhr, stellte ich fest, dass der Name eines recht großen indianischen Volkes, das dort lebt, ganz ähnlich klingt.

Als Kind hörte ich eine alte Geschichte, die mich mittlerweile sehr stark berührt: Zu gewissen Zeiten kamen Ureinwohner in ihren Kanus vom Kontinent und gingen durch den Wald im Süden der Insel zu einer Stelle, wo sie bestimmte Früchte pflückten oder eine Art Opfer darbrachten. Anschließend fuhren sie wieder über den Golf von Paria zurück in ihr nasses Land im

Delta des Orinoko. Dieser Ritus muss außerordentlich bedeutsam gewesen sein, sonst hätte diese Geschichte nicht die Ausrottung der Ureinwohner von Trinidad und vierhundert Jahre historischer Umwälzungen überdauert. Vielleicht sind diese Menschen – obgleich die Flora in Trinidad dieselbe ist wie in Venezuela – auch nur gekommen, um eine bestimmte Sorte Früchte zu ernten. Ich weiß es nicht. Ich kann mich nicht erinnern, dass jemals irgendwer danach gefragt hätte. Und heute ist die Erinnerung daran verloren gegangen, und der heilige Ort ist – wenn es ihn überhaupt je gegeben hat – öffentliches Land geworden.

Was vergangen war, war vergangen. Ich glaube, das war die allgemeine Haltung. Wir Inder jedenfalls, wir Einwanderer aus Indien, hatten diese Haltung gegenüber Trinidad. Die meisten von uns lebten ein ritualisiertes Leben und waren noch nicht zu jener Selbsteinschätzung imstande, durch die das Lernen überhaupt erst möglich wird. Die Hälfte von uns, die wir auf dem Land der Chaguanes lebten, gab sich den Anschein – oder vielleicht war es auch gar kein Anschein, sondern ein niemals ausformuliertes Gefühl –, als hätten wir eine Art Indien mitgebracht, das wir gleichsam wie einen Teppich auf dem Land ausrollen konnten.

Das Haus meiner Großmutter in Chaguanas bestand aus zwei Gebäuden. Das vordere war gemauert, verputzt und weiß gestrichen. Mit seiner großen, von einer Balustrade eingefassten Terrasse im ersten Stock und einem Gebetsraum in der Etage darüber glich es einem indischen Haus. Die Verzierungen waren aufwendig – Lotoskapitelle an den Säulen, hinduistische Gottheiten – und stammten allesamt von Leuten, die nach der Erinnerung arbeiteten. In Trinidad galt es als eine architektonische Besonderheit. Hinter diesem Gebäude und durch einen Brückenraum mit ihm verbunden war ein Holzhaus im französisch-karibischen Stil. Das Eingangstor lag an der Seite, zwischen den beiden Häusern. Es war hoch und bestand aus einem Holzrahmen, auf den man Wellblech genagelt hatte. Es erzeugte einen Eindruck von dezidierter Privatheit.

Als Kind war ich also zwei Welten ausgesetzt: der Welt außerhalb des hohen Wellblechtors und der Welt zu Hause – oder jedenfalls der Welt im Haus meiner Großmutter. Es war ein Überbleibsel unseres Kastenbewusstseins, jener Geisteshaltung, die andere ausgrenzte. In Trinidad, wo wir als Neuankömmlinge zu einer benachteiligten Bevölkerungsschicht gehörten, war dieses ausgrenzende Bewusstsein eine Art Schutz: Es ermöglichte uns – eine Zeit lang, nur eine Zeit lang –, auf unsere Weise und nach unseren Regeln zu leben, in unserem eigenen, allmählich verblassenden Indien. Das führte zu einer außerordentlich starken Selbstbezogenheit. Unser Blick ging nach innen; wir lebten unser Leben; die Welt dort draußen existierte in einer Art Finsternis; wir stellten keine Fragen.

Nebenan war ein Geschäft, das einem Moslem gehörte. Die kleine Loggia des Geschäftes meiner Großmutter stieß an die fensterlose Außenwand seines Hauses. Der Mann hieß Mian. Das war alles, was wir von ihm und seiner Familie wussten. Gewiss haben wir ihn hin und wieder gesehen, doch ich habe kein Bild von ihm vor Augen. Wir wussten nichts von Moslems. Zu diesen fremden Elementen, die es auszuschließen galt, gehörten auch andere Hindus. So aßen wir beispielsweise mittags Reis und abends Weizen. Es gab jedoch merkwürdige Menschen, die diese natürliche Reihenfolge umkehrten und abends Reis aßen. Diese Menschen erschienen mir fremd – man darf nicht vergessen, dass ich zu jener Zeit keine sieben Jahre alt war, denn als ich sieben war, fand mein Leben im Haus meiner Großmutter in Chaguanas ein Ende. Wir zogen erst in die Hauptstadt und dann in das Hügelland im Nordwesten.

Doch die Denkgewohnheiten, die aus diesem Leben des Eingrenzens und Ausgrenzens entstanden waren, hatten noch eine ganze Weile Bestand. Ohne die Kurzgeschichten meines Vaters hätte ich so gut wie nichts über das Leben unserer indischen Gemeinde erfahren. Diese Geschichten vermittelten mir mehr als bloßes Wissen. Sie gaben mir so etwas wie Festigkeit. In dieser Welt waren sie ein Boden unter meinen Füßen. Ich kann mir nicht vorstellen, wie mein Weltbild ohne diese Geschichten ausgesehen hätte.

Die Welt dort draußen existierte in einer Art Finsternis, und wir stellten keine Fragen. Ich war gerade alt genug, um noch eine gewisse Vorstellung von den indischen Epen, insbesondere vom *Ramajana*, zu bekommen. Die Kinder, die in unserer großen Familie etwa fünf Jahre nach mir kamen, hatten nicht dieses Glück. Niemand lehrte uns Hindi. Manchmal schrieb uns jemand das Alphabet auf, damit wir es lernten, doch das war auch schon alles; um den Rest sollten wir uns selbst bemühen. So verloren wir, während das Englische sich immer mehr durchsetzte, unsere eigene Sprache. Im Haus meiner Großmutter war die Religion sehr präsent; es gab viele Zeremonien und Lesungen aus heiligen Schriften – manche dauerten Tage. Doch uns, die wir die Sprache nicht verstanden, wurde nichts erklärt oder übersetzt. Und so schwand der Glaube unserer Vorväter und wurde zu etwas Nebulösem, das in keiner Verbindung zum täglichen Leben stand.

Wir stellten keine Fragen über Indien oder die Familien, die man dort zurückgelassen hatte. Als unsere Denkweise sich änderte und wir diese Fragen stellten, war es zu spät. Ich weiß nichts über die Familie meines Vaters, ich weiß nur, dass sie zum Teil aus Nepal stammte. Vor zwei Jahren schickte mir ein freundlicher Nepalese, dem mein Name gefiel, die Kopien einiger Seiten aus einem britischen Verzeichnis aus dem Jahr 1872, einem Werk mit dem Titel *Hindu Castes and Tribes as Represented in Benares*; unter einer Vielzahl von Namen finden sich auch die jener Nepalesen in der heiligen Stadt Benares, die den Namen Naipal trugen. Das ist alles, was ich weiß.

Außerhalb dieser Welt im Haus meiner Großmutter, wo wir mittags Reis und abends Weizen aßen, lag das große Unbekannte: diese Insel mit nur vierhunderttausend Einwohnern. Da waren die Afrikaner, die Leute afrikanischer Abstammung, die die Mehrheit bildeten. Sie waren Polizisten und Lehrer. Eine Afrikanerin war meine erste Lehrerin in der Chaguanas Government School; ich verehrte sie noch jahrelang. Da war die Hauptstadt; dorthin würden wir alle bald gehen, um eine Ausbildung aufzunehmen, einen Job zu finden, uns unter Fremden niederzulassen. Da waren die Weißen, die nicht alle Engländer waren, und die Portugiesen und Chinesen, die wie wir irgendwann eingewandert waren. Und da waren, geheimnisvoller als die anderen, die Leute, die wir Spanier – *'pagnols* – nannten, Mischlinge mit einer Hautfarbe in warmen Brauntönen, deren Vorfahren zur Zeit der Spanier hierher gekommen waren, vor der Loslösung der Insel von Venezuela und dem spanischen Reich. Sie blickten auf eine Geschichte zurück, die über meinen kindlichen Horizont hinausging.

Um Ihnen diese Vorstellung von der Welt, aus der ich stamme, zu vermitteln, musste ich auf Erkenntnisse und Gedanken zurückgreifen, die mir erst viel später kamen, in erster Linie durch das Schreiben. Als Kind wusste ich beinahe nichts, nur das, was ich im Haus meiner Großmutter aufgeschnappt hatte. Wahrscheinlich sind alle Kinder so: Sie wissen nicht, wer sie sind. Doch auf ein französisches Kind zum Beispiel wartet dieses Wissen. Es lebt inmitten dieses Wissens. Es nimmt dieses Wissen indirekt auf, aus Gesprächen zwischen Älteren, aus

Zeitungen, aus dem Radio. Und in den Schulen vermittelt das Werk von Generationen von Gelehrten, in Bearbeitungen für den Unterricht, eine gewisse Vorstellung von Frankreich und den Franzosen.

Ich war ein aufgeweckter Junge, und doch war ich in Trinidad von Ländern der Finsternis umgeben. Die Schule erklärte mir nichts. Ich wurde mit Fakten und Formeln voll gestopft. Ich musste alles auswendig lernen; für mich war alles abstrakt. Ich sage es noch einmal: Ich glaube nicht, dass es einen Plan gab, dem zufolge wir in dieser Finsternis zu belassen seien. Wir bekamen einen ganz normalen Schulunterricht. In einer anderen Umgebung hätte er durchaus einen Sinn gehabt. Und dass er seinen Zweck verfehlte, lag zum Teil sicher auch an mir selbst. Angesichts des begrenzten Horizonts, mit dem ich aufwuchs, bereitete es mir große Schwierigkeiten, mich in andere oder weit entfernte Gesellschaften einzufühlen. Ich mochte Bücher, doch es fiel mir schwer, sie zu lesen. Am besten gefielen mir Bücher wie die von Andersen oder Äsop – deren Geschichten spielten zu einer unbestimmten Zeit an einem unbestimmten Ort und grenzten mich nicht aus. In der sechsten Klasse schließlich, der höchsten auf dem College, fand ich Gefallen an einigen literarischen Texten – Molière, Cyrano de Bergerac –, vermutlich, weil sie etwas Märchenhaftes hatten.

Als ich Schriftsteller wurde, fand ich meine Themen in diesen Ländern der Finsternis, zwischen denen ich aufgewachsen war. Das Land; die Ureinwohner; die

Neue Welt; die Kolonie; die Geschichte; Indien; die Welt der Moslems, zu der ich ebenfalls eine Beziehung hatte; Afrika; schließlich England, wo ich das alles zu Papier brachte. Das habe ich gemeint, als ich sagte, dass meine Bücher aufeinander aufbauen und dass ich die Summe meiner Bücher bin. Das habe ich gemeint, als ich sagte, die Welt, aus der ich stamme, sei überaus einfach und zugleich überaus kompliziert gewesen. Ich habe gezeigt, wie einfach sie in einer Kleinstadt wie Chaguanas war, und ich glaube, Sie werden begreifen, wie kompliziert sie für mich als Schriftsteller war, besonders anfangs, denn die literarischen Vorbilder, die ich hatte – und die mir durch einen in meinen Augen ungeeigneten Unterricht vermittelt wurden –, befassten sich mit gänzlich anderen Gesellschaften. Vielleicht glauben Sie jedoch, das vorgefundene Material sei so reichhaltig gewesen, dass es mir eigentlich hätte leicht fallen müssen, einen Anfang zu machen und darauf aufzubauen. Was ich über meine Herkunft gesagt habe, entspringt den Erkenntnissen, die ich beim Schreiben gewonnen habe. Und Sie müssen mir glauben, wenn ich sage, dass das Muster meines Werkes mir erst vor etwa zwei Monaten bewusst geworden ist. Man las mir Passagen aus früheren Büchern vor, und ich sah die Verbindungen. Bis dahin hatte ich immer größte Schwierigkeiten gehabt, mein Werk zu beschreiben und zu erklären, woraus es besteht.

Ich war, wie gesagt, ein Schriftsteller, der auf die Intuition vertraute. Das war damals so, und daran hat sich bis heute, da mein Leben sich dem Ende zuneigt, nichts geändert. Ich verfolgte nie einen Plan. Ich hatte kein System. Ich habe intuitiv geschrieben. Mein Ziel war jedes Mal, ein Buch zu schreiben, das leicht und interessant zu lesen ist. Und in jedem Stadium konnte ich nur auf meine Erkenntnisse, meine Empfindungen, mein Talent, meine Weltsicht zurückgreifen. All dies entwickelte sich mit jedem Buch weiter. Und die Bücher, die ich geschrieben habe, musste ich schreiben, weil ich in denen, die es über das betreffende Thema bereits gab, nicht fand, was ich gesucht hatte. Ich musste meine Welt erhellen, ich musste sie mir selbst erklären.

Um ein echtes Gespür für die Geschichte der Kolonie zu entwickeln, musste ich Dokumente im British Museum und anderswo studieren. Ich musste nach Indien fahren, weil es niemanden gab, der mir hätte sagen können, wie das Indien meiner Großeltern ausgesehen hatte. Ich las die Schriften von Nehru und Gandhi; und eigenartigerweise war es Gandhi mit seinem südafrikanischen Hintergrund, der mir mehr gab, wenn auch nicht genug. Ich las Kipling; ich las Kolonialschriftsteller wie John Masters (dessen Bücher sich in den fünfziger Jahren noch immer gut verkauften – das Vorhaben, eine Serie von fünfunddreißig inhaltlich zusammenhängenden Romanen über Britisch-Indien zu veröffentlichen, wurde leider aufgegeben); ich las von Frauen verfasste Liebesromane. Die wenigen indischen Schriftsteller, deren Bücher zu jener Zeit erschienen, waren Großstädter aus der Mittelschicht. Das Indien, aus dem meine Familie stammte, war ihnen unbekannt.

Und als mein Bedürfnis, Indien kennen zu lernen, gestillt war, tauchten andere auf: Afrika, Südamerika, die moslemische Welt. Ich wollte stets mein Weltbild erweitern; dieses Streben hat seine Wurzeln in meiner Kindheit: Ich will mich wohler fühlen mit mir selbst. Freundliche Menschen haben mir geschrieben und vorgeschlagen, ich solle doch etwas über Deutschland oder China schreiben. Doch es gibt bereits viele gute Bücher über diese Länder, und ich bin bereit, mir anhand dessen, was in ihnen steht, ein Bild zu machen. Diese Themen überlasse ich anderen. Sie waren nicht die Länder der Finsternis, von denen ich als Kind umgeben war. Es gibt also eine Entwicklung in meinem Werk, eine Entwicklung der erzählerischen Fertigkeiten, des Wissens und der Empfindsamkeit, doch obgleich ich vielleicht den Eindruck erweckt habe, mich in viele verschiedenen Richtungen zu bewegen, gibt es darin auch eine Geschlossenheit, einen Fokus.

Als ich zu schreiben begann, hatte ich keinerlei Vorstellung von dem, was vor mir lag. Ich wollte bloß ein Buch schreiben. Ich wollte in England schreiben, wo ich nach meinem Studium geblieben war, und hatte das Gefühl, dass meine Erfahrungen sehr spärlich waren – nicht der Stoff, aus dem man Bücher machen konnte. In keinem Buch fand ich irgendetwas, das der Welt, der ich entstammte, nahe kam. Ein junger Engländer oder

Franzose, der Schriftsteller werden will, kann sich an zahlreichen Vorbildern orientieren. Ich hatte kein einziges. Die Geschichten meines Vaters, die sich mit unserer indischen Lebenswelt befassten, gehörten der Vergangenheit an. Meine eigene Welt war vollkommen anders: urbaner, uneinheitlicher. Es erschien mir unmöglich, die einfachsten Gegebenheiten des chaotischen Lebens unserer großen Familie schriftstellerisch zu bewältigen – die Schlafzimmer oder Schlafplätze, die Essenszeiten, die schiere Zahl meiner Verwandten. Es gab zu vieles, das ich hätte erklären müssen, sowohl in Hinblick auf das Leben zu Hause als auch in Hinblick auf die Welt dort draußen. Und zugleich gab es auch in meiner Familie zu vieles, das ich nicht kannte: meine Vorfahren, unsere Geschichte.

Schließlich kam mir eines Tages der Gedanke, ich könnte mit der Straße in Port of Spain beginnen, in die wir von Chaguanas gezogen waren. In Port of Spain gab es kein hohes Wellblechtor, das die Außenwelt ausgrenzte. Das Leben auf der Straße lag vor mir. Es bereitete mir großes Vergnügen, es von der Veranda aus zu verfolgen. Ich begann, über dieses Leben zu schreiben. Um allzu große Selbstzweifel zu vermeiden, wollte ich schnell schreiben, und darum vereinfachte ich. Ich gab keine Auskunft über die Herkunft des Kindes, das die Geschichten erzählte. Ich ignorierte die rassische und gesellschaftliche Vielschichtigkeit des Lebens, das sich dort abspielte. Ich blieb sozusagen auf dem Boden und stellte die Menschen dar, wie sie sich selbst auf der

Straße darstellten. Ich schrieb jeden Tag eine Geschichte. Die ersten waren sehr kurz. Ich war besorgt, das Material könnte nicht ausreichen. Doch der Zauber des Schreibens begann zu wirken, und das Material floss mir aus vielen Quellen zu. Die Geschichten wurden länger; ich konnte sie nicht mehr an einem Tag schreiben. Und dann erlosch die Inspiration, die mir in einem anderen Stadium einfach zugeflogen war und mich getragen hatte. Dennoch: Ich hatte ein Buch geschrieben und war in meinen Augen zum Schriftsteller geworden.

Mit den beiden nächsten Büchern wuchs die Distanz zwischen dem Schriftsteller und seinem Material, und der Blick weitete sich. Und dann führte mich die Intuition zu einem großen Buch über das Leben in unserer Familie. Als ich es schrieb, nahm mein Ehrgeiz zu, doch als es fertig war, hatte ich das Gefühl, mein Inselmaterial verbraucht zu haben. Ganz gleich, wie sehr ich darüber nachdachte – es kamen keine Geschichten mehr.

Der Zufall rettete mich. Ich wurde zum Reisenden. Ich reiste in die Karibik und begriff viel mehr als zuvor von der kolonialen Situation, in der ich aufgewachsen war. Ich verbrachte ein Jahr in Indien, dem Land meiner Vorväter; es war eine Zäsur in meinem Leben. Die Bücher, die ich über diese beiden Reisen schrieb, eröffneten mir neue Gefühlswelten, verhalfen mir zu einer Weltsicht, wie ich sie bis dahin nicht gekannt hatte, und machten meinen Stil geschmeidiger. In dem Roman, zu dem ich danach inspiriert wurde, konnte ich sowohl England als auch die Karibik verarbeiten – welche Mühsal! Ich war auch in der Lage, alle auf der Insel versammelten Rassen darzustellen, und das war mir noch nie zuvor gelungen.

Dieser neue Roman handelte von kolonialer Schande und kolonialen Fantasien, er handelte davon, wie die Machtlosen über sich selbst und gegenüber sich selbst lügen, denn Lügen sind das Einzige, über das sie reichlich verfügen. Das Buch hieß *The Mimic Men* [dt.: *Herr und Sklaven*], doch es geht darin nicht um Mimik, sondern um Männer in einem Kolonialland, die (in einer Art Mimikri) eine echte Männlichkeit vortäuschen und sich selbst nach und nach in allen Belangen misstrauen. Neulich hat man mir aus diesem Buch vorgelesen – ich hatte seit über dreißig Jahren keinen Blick mehr hineingeworfen –, und mir wurde bewusst, dass ich über koloniale Schizophrenie geschrieben hatte. Damals dachte ich darüber allerdings anders. Nie habe ich meine Absichten beim Schreiben in abstrakten Begriffen dargestellt. Wenn ich das getan hätte, wäre ich nicht imstande gewesen, das Buch zu schreiben. Ich folgte der Intuition, und das konnte ich nur, weil ich genau beobachtet hatte.

Mit diesem kleinen Überblick über die Frühzeit meines Schriftstellerlebens wollte ich die Stadien der Veränderung oder Entwicklung schildern, die mein Geburtsort innerhalb von nur zehn Jahren in meinen Büchern durchlief: von der Komödie des Straßenlebens zu einer Studie über eine weit verbreitete Form der Schizophrenie. Was einfach gewesen war, war kompliziert geworden.

Meinen Blick verdanke ich sowohl dem Roman als auch der Reiseliteratur, und daher ist es wohl verständlich, dass ich alle Literaturformen für gleichermaßen wertvoll halte. So merkte ich, als ich – sechsundzwanzig Jahre nach dem ersten – ein drittes Buch über Indien schrieb, dass das Wesentliche bei einem Reisebuch die Menschen sind, unter denen man sich bewegt. Die Menschen sollten sich selbst definieren. Es war ein ganz einfacher Gedanke, doch er erforderte eine neue Art von Buch; er erforderte eine neue Art des Reisens. Es war dieselbe Methode, die ich später noch einmal anwandte, als ich zum zweiten Mal durch die moslemische Welt reiste.

Ich habe mich stets ausschließlich von der Intuition leiten lassen. Ich verfüge über kein System, weder in literarischer noch in politischer Hinsicht. Es gibt keinen politischen Leitgedanken, an dem ich mich orientiere. Das hat wahrscheinlich etwas mit meiner Herkunft zu tun. Der in diesem Jahr verstorbene indische Schriftsteller R. K. Narayan vertrat keine politische Idee. Mein Vater, der seine Kurzgeschichten ohne Bezahlung in einer sehr finsteren Zeit schrieb, vertrat keine politische Idee. Vielleicht liegt es auch daran, dass wir viele Jahrhunderte lang fern einer Obrigkeit gelebt haben. Das ermöglicht uns eine besondere Perspektive. Ich habe den Eindruck, wir neigen eher dazu, in allem das Komische und das Mitleiderregende zu sehen.

Vor beinahe dreißig Jahren fuhr ich nach Argentinien. Es war zu einer Zeit, als das Land kurz vor einem Guerillakrieg zu stehen schien. Man rechnete damit, dass der ehemalige Diktator Perón aus dem Exil zurückkehren würde. Überall war Hass. Viele Peronisten warteten darauf, alte Rechnungen zu begleichen. Einer von ihnen sagte zu mir: »Es gibt gute Folter, und es gibt schlechte Folter.« Gute Folter war das, was man mit den Feinden des Volkes machte. Schlechte Folter war das, was die Feinde des Volkes mit einem selbst machten. Die Leute auf der anderen Seite sagten dasselbe. Es gab keine echten Debatten über irgendetwas. Es gab nur Leidenschaften und den nachgeplapperten politischen Jargon Europas. Ich schrieb: »Wo der Jargon lebendige Themen zu Abstraktionen macht und wo der eine Jargon schließlich mit einem anderen Jargon konkurriert, haben die Menschen keine Ziele mehr. Sie haben nur noch Feinde.« Und die Leidenschaften, die ich in Argentinien vorfand, sind immer noch am Werk, sie knechten die Vernunft und verschlingen Menschenleben. Eine Lösung ist nicht in Sicht.

Mein Werk neigt sich jetzt dem Ende zu. Ich bin froh, dass ich getan habe, was ich getan habe, ich bin froh, dass ich mich in schöpferischer Hinsicht so weit vorangetrieben habe, wie ich konnte. Weil ich stets intuitiv geschrieben habe und weil mein Material so